しりでっどマン

# 宅トレで20kg痩せたオタクの話を聞いてくれ

主婦と生活社

# 「宅トレで20kg痩せたオタクの話を聞いてくれ」ダイジェスト

はじまりは
とあるイベント
[redacted]
とある言葉を
言われました。
もしかしたらほめ言葉だったのかもしれない
その言葉はまんまと心をぐっさりえぐり
でも嫌味に聞こえてしまった
頭の中で悪いほうに考えがぐるぐる……
楽しく好きなものを描いているだけなのに
いつもポジティブでハッピーなオタクですが
くやしさなのか かなしさなのか 思い出しては 泣いてしまうオタク…
その後ぜ〜んぜん回復できず。
そんなとき昔の仲間たち（同人活動無関係）と通話する機会がありました。
久しぶり!!
何年ぶりだー!?
そしたらその中のひとりが
最近筋トレばっかしてる
と言いだした。

筋トレか〜
えらいね……
へ〜〜〜
でもさ、
1日24時間
ある中の
たった20分
頑張るだけで
変わるんだよ
は
なるほど
なぁ……!!
たしかに
20分なら…!
その言葉は
私の心に
バッチリ
響きました。
入ってた服が
くるしくなったナ…
たしかに
ヤバいことには
気がついて
いました。
休日は原稿
がんばる
私に
ごほ〜び
だよ♡
平日も夜中まで原稿。
原稿しながら
お菓子
好きなだけお菓子!!
アイス
ポテチ
じゃが
そう、めちゃくちゃ太っていたのです!!
わりと
ピーク時。
太ると写真
とらなすぎて
写真ぜ〜んぜんない
#かわいい

あと、1年前に胆嚢に石ができてしまい、胆嚢を取る手術もしました。
ギャ～～ッ
いたい～～ッ
ごめんなさい
ごめんなさい
たすけて～ッ
毎夜痛くて転げまわっていた。本当にアレは痛いんだよ……。
クソほどどうでも良い話なんですけど、胆石を取ってから
面白い本(主観)あります
胆石《たんせき》とったら
誕《たん》席《せき》に…
ずーっとイベントで誕席(誕生日席)に割りふられました。
そう、心も体も不健康だから健康になりたい!!と思って、筋トレをはじめました!!
友だちがやってたアレ…
ジムに行って続かなかったらイヤだからまずはNIKEのアプリをやってみよう……
Nike Training Club - フィットネス
NTC
自宅でできるワークアウト、エ…
開く
初級～とか
9分～とか
腹筋やる～とか
ヨガやる～とか
いろいろえらべる!!!
その日の
気分で!!!
もちろん無料!!

画像はApp Store「Nike Training Club」より

その頃の私は
とどかない…
うそだろ…
腹の肉がじゃますぎで足が組めないレベルの人間。
無理です!!
ギャーーッ
無理です こんなことッ
プル
プル
まじで何をするにも限界すぎた。
それでも
口角を上げてみて!
ハァ…
ハァ…
ハァ…
ハァ…
にこ…
自分のペースでなんとか乗りきり
よくがんばりました!
ゼェーッ
ゼーッ
なんか…
でも…
SOUKAIKAN~!
楽しかった……!
※足はガクガク

運動の習慣がついたので
ペダルの重さもえらべる!
エアロバイクを導入!
これのおかげで静かにこげるらしい
BTM
SPEED TIME DISTANCE CALORIES
何分こいだのか何キロカロリー消費したのかなどなど表示されます!
そして
むか〜し通ったことのあるジムで味わった「めちゃくちゃ」になりてぇ〜
なんかもっと効いているゥ〜ッって思いたいな……となったときに出合った……
HIIT《ヒート》トレーニング!!
40秒とか30秒とか全力で運動して、10秒休むというやつ。
プランクの40秒って世界一長い40秒だよォ〜
プル
プル
YouTubeでいろんな方があげています。本当に効く。

画像はApp Store「カロミル」より

そろそろ食事も意識すっか……ということで、
こちらです!!
カロミル - ダイエット・糖質制限などの…
Life Log Technology, Inc.
開く
カロミル
「カロミル」で食べたものを管理するように。
食事は…
もち麦ごはん
卵
鍋
とりはむ
ブロッコリ～
納豆
などを主に食べました。
デザートはオイコス
ごほうびはハゲンダッツ
でもマックやケンタッキーも食べたいときは食べてたし、
たまに食べるマック…うますぎてサイコ～～ッ
カロリーひくいもの食べ行く?
なんでも食べに行こ!!
カロリーを感じたいッ
誰かと食事へ行くときはなんでも食べてOK!!というルールを作りました。
そして
なんだか健康になってきた気がする!!
フフンッ!!
久しぶりに同人活動も再開。
うわあぁあぁあ久しぶりに絵を描くとこ～んなに大変なのかあぁあぁ～～…

健康診断の結果も
白血球の数
去年は
10100
だったのに
5200に
なった!
健康数値だ〜!!!
ほぼほぼ「A」に
なりました。
そして、体重
ドキドキ
ピピピッ
約8ヶ月ほどで
マイナス20kgでした!!
やほやほやっほ〜い!!
見た目もわりと
変化しました。
#かわいい
あと、ヒプマイの楽曲
(強めのやつ)(?)は
筋トレと相性最高
なので、
ナゴヤだとっ
「Bad Ass Temple Funky Sounds」を
リピートしました!
むちゃくちゃ
聞きながらやると
ライブと似た爽快感も
得られます。オススメ。

職場で報告すると
こんなことを
聞かれました。
20kg痩せ
ました!
わーい!
え!?
でも君は
そんなに頑張って
何に
なりたいんだ?
?
「何になりたい」
健康に
なりたい…
それは
そうだが…
もっと… そう
もっと「力」がほしい…
強く
なりたいです!
どんっ

# はじめに

何度もダイエットに成功してきたみなさんこんにちは！　しりでっどマンと申します。

私もそのひとり、過去に何度もさまざまなダイエットに成功した30代一般女性です。

何度もダイエットに成功し、リバウンドしてきました。ここまでで1セットです。

そして実感しました。「リバウンドを制するものは不健康を制する」と。

面倒くさがり、計画性がない、だからダイエットも最初だけエンジン全開、夜型、なるべく家から出たくない、会社帰りにコンビニに寄っちゃう、期間限定に弱い……。

これは私のスペックですが、みなさんはどうでしょうか？

わかっちゃいるけどやめられない！　そうですよね。わかる。

だって今日一日頑張ったし！　……と、趣味の同人誌の原稿をしながら、お菓子やアイスを食べるのが大好きでした。

そんな毎日を送っていた私は、体が不健康になり、そして心も不健康になりました。

趣味も楽しくない、腰も背中も痛い、胆石ができる、まわりの人には迷惑かける……。

そもそものきっかけは、「ダイエット」という、自分がキレイになる目的ではなく、「健康になりたい」という気持ちから始まった筋トレでした。

でっかい腹が邪魔をして、足元も、痩せる未来も見えね～（笑）と思った、最初の夜を今でも思い出します。

この本を読んでくださってる方はきっと「変わりたい」と思っているでしょう。

えらい。そう思った時点であなたはえらすぎマンです。本まで読んでいるなんて最高かよ！

大丈夫。怠惰《たいだ》の塊みたいな私でもできたんです。

少しずつ、健康に近づいていきましょう。

人は遅いことはあっても、遅すぎることはないんです。

自分のことを大切にしてあげてください。

少しでも、あなたの背中を押すことができたら嬉しいです。

しりでっどマン

CONTENTS

えらい

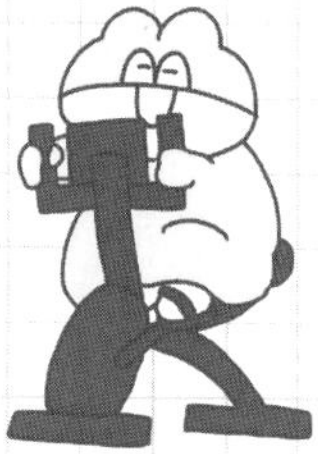

水

# 第3章 痩せたあとのうれしい変化を聞いてくれ

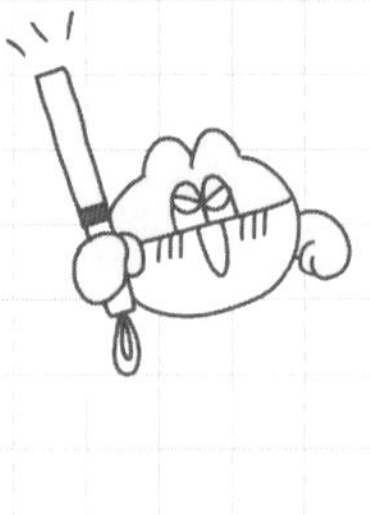

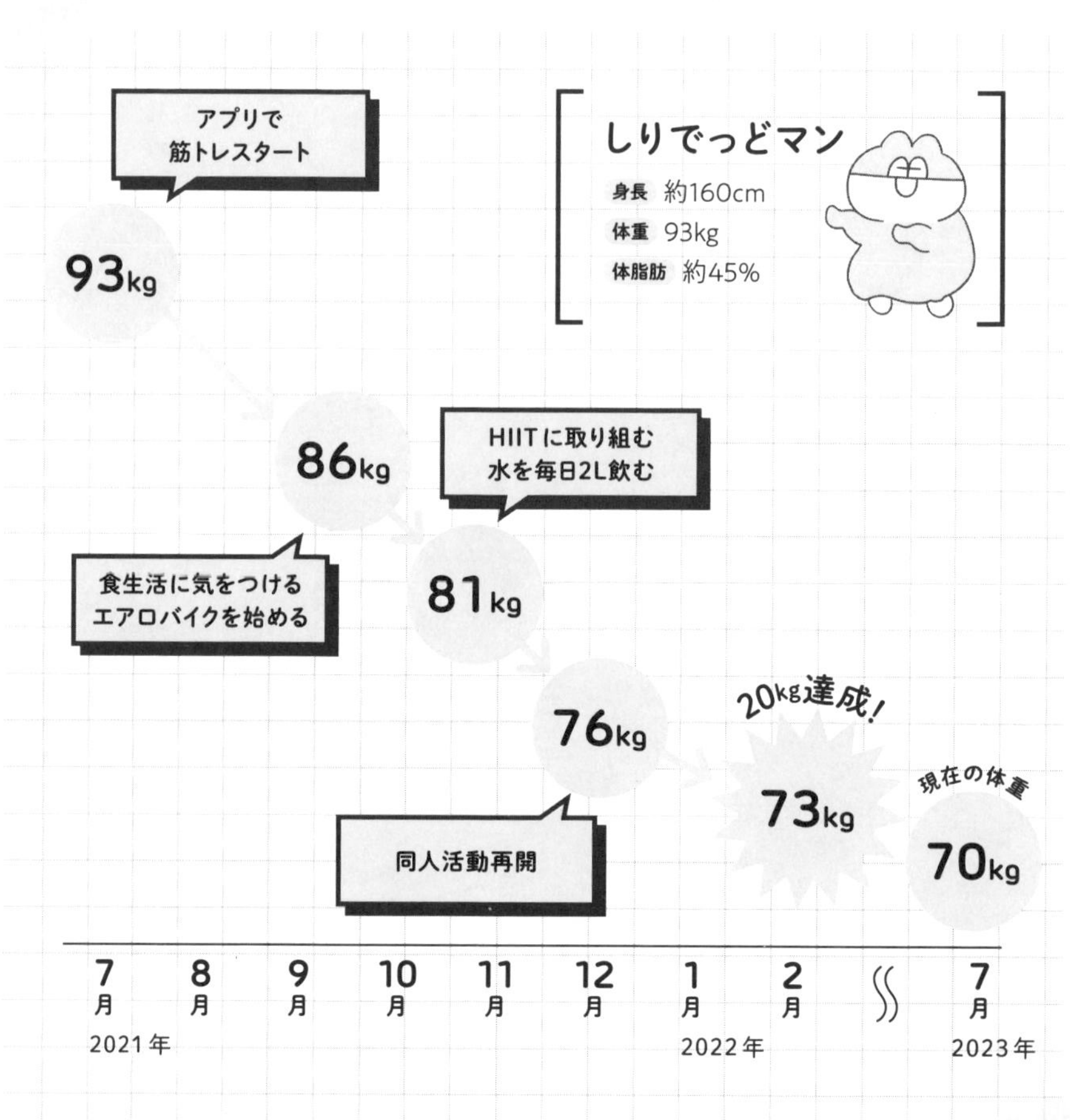


本書は、しりでっどマン本人による
**「体験レポートマンガ」**と**「テキスト」**、**「専門家対談」**で構成されています。

**「体験レポートマンガ」を読むだけでも、ダイエットのポイントがわかります。**

**「テキスト」を読むと、オタクの熱量120%増しで内容を理解することができます。**

**「専門家対談」を読むと、ダイエットのさらなる奥深い世界がわかります。**

いずれの運動も、しりでっどマンのやっていた方法をそのまま真似しようとせず、「自分に合うかどうか」を考えながらアレンジしていただくと、無理なく長く続けやすいと思います。

# 第1章
# 最初に始めた「運動」の話を聞いてくれ

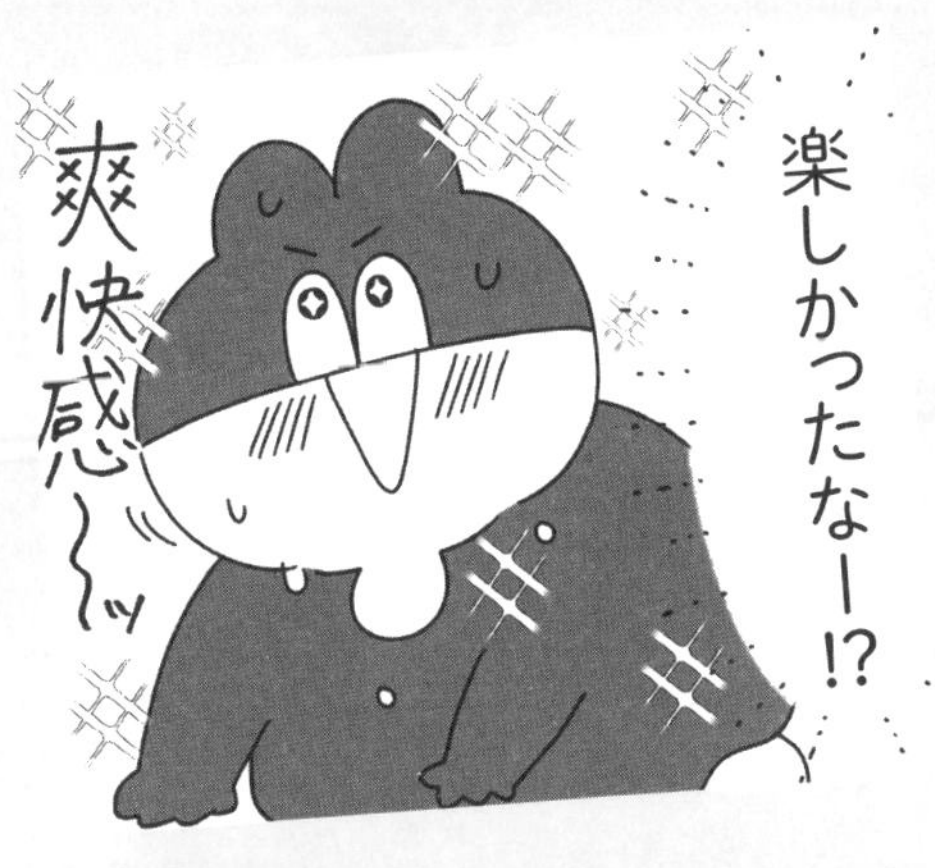
楽しかったなー!?
爽快感〜〜ッ

# しりでっどマンの生態

私、しりでっどマンと申します。
ヒプノシスマイクという作品が好きでヒプノシスヒップの死すしりでっどしりでっどマンという……
はい…
アラサーオタク
約160cm
MAX 93kg
いらっしゃいませ〜
ダイエットを始めた当時はわりと長時間座っているタイプの接客業をしていました。
今日は忙しかったですね
みなさんしっかり休んでください
店長
8時間ガッツリ働いて
いえ、私はこれからが本番です!!
仕事してる場合じゃねえ!!
ムリしないでね……
おつかれさまでした〜ッ
家に帰って仲間たちと通話をしながら同人誌と呼ばれる漫画を描くアラサーオタクです。
おつー
おまたせ〜
よっしゃやるぞ〜
ハァ
ハァ
帰宅
バリ
ボリ
ポテチうめぇ〜
あ！なんか食べてる！
作業はだいたい22時〜2時くらい。
ハッ
私もアイスた〜べよ♪
食え食え〜
ムフフ〜
期間限定で出たやつ〜♡
1日頑張って働いてオタク仲間たちとワイワイ話しながらアイスやお菓子を食べる……なんてことが大好きでした。

職場の制服が
どんどんキツくなっていく
現実はあまり見ないように
していましたが
お昼食べた後だと
制服ちょっとくるしいナ…
パッ
パツッ
でも！
今日はチーズホットクつくるぞ～♪
のび～～
わく
わく
現実は甘くありません。
その夜
ん？
!?
右胸の下あたりに感じたことのない激痛……
カッハッ
あぉぉ
ゴロ
ゴロ
一晩中のたうち回りました。
何!?
いでぇ～～ッ
ぐるしいッ
ぎゃあああああ
朝
今から仕事なのか…？
チュンチュン
ハァ
ハァ
原稿をやっているときも
激痛が襲ってくる日がありました。
原稿しよっ♪
よ～し！
!!
もちろん絵も描けず
座ることさえ苦しい、息をするのも
難しいときがありました。
いでぇ～～～…
ごめんなさい
何にあやまってるのかわからんけど
ごめんなさい～～～…
ぐぉぉぉ…
そしてやっと病院へ。
そこでわかったのは

胆嚢に石ができていますね
漢方でどうにかするか
手術で取るしかないですよ
とりますっ。
なくても大丈夫なんで
そんな…
寿司の
ワサビ
抜くみたいな
テンションで…
たしかに肉を
食べた日の夜中に
痛くなって
いたな……
なぜできたのか?
詳しいことはわかりませんが
コレステロールの多い食事を
している人ができやすいそうです。
初めての入院
初めての手術
赤ちゃん
生まれました!
あっはっはっは
うそ
でしょ⁉
私が胆のうを
とった日に、
高校の友だちは
赤子を産んだと
連絡がきた
職場にも迷惑をかけ
実家から母も来てくれ
ふー……
わろてる場合じゃない
健康でない自分に
これからの人生に
不安がよぎりました。

胆嚢を全摘する手術をしたあとも変わらず原稿をしていましたが
そして胆石《たんせき》とったら誕席《たんせき》（誕生日席）にわりふられるオタク…
バキッ
あっ…
ヤバイ…
プル
プル
ギックリ腰になりました……
ギックリ腰、何しても痛い。
学生時代から腰痛持ちでしたがまたもや職場に迷惑をかける……大人なのに……
本当にすみません…なんにもできない…
それでもなんとか描きあげた原稿
いたいヨォ〜〜…
でも〆切が〜…
魂削って描いた我が子のように
新刊
大切な新刊ッ!!!!!
イベントだ！楽しい同人即売会！と思っていた矢先に
自分の作品に対してグッサリと心をえぐられるような言葉を言われました。
それはもしかしたら私をほめる言葉だったのかもしれません
でも私はそう受け取れなかった。

そうやって
モヤモヤした
気持ちを抱えて
原稿も手につかなくなり
のそ…
自分の姿を
鏡で見たとき
そこには
太った楽しそうじゃない
女がひとり立っていました。
体の中も外も
不健康の警報が鳴っていて
うごけないッ
ゔっ
たすけてッ
1人で立てないッ
グキッ
そして元気だった
心さえ折れてしまった。
ホロリ…
イヤな
記憶
あんなふうに
思われていたのか
…
自分を見つめること
自分を大切にしてあげること
ぱく
明日は休み!
好きなもの
好きなだけ
食べるぜ!!!
ぱく
ポテチ
それを放棄してきた
結果が現れているようでした。
は〜〜〜…
今日はもうめんどくさいから
コタツでねちゃお〜…
ゴロリ
ポテ

心も体も不健康になっている……

ひどい顔とひどいからだだ…

喜びがないーー…

やっとそこで「自分と向き合おう」と思えました。

私が目指したのは「痩せたい」より「健康になりたい」が大きかったです。

こうよりもこう
うおおおおおおおお!!

しかし私はめちゃくちゃに面倒くさがり！ 怠惰！ 計画性がない！ それが現れたこの体形！

こんだけ太ってもやせられるんだよって
大丈夫だよって伝えたい!!

そんな私がなぜダイエットを続けられたか？ それをこの本で話していきたいと思います！

まず面倒くさがりな人がダイエットをするなら
最重要ポイント＝自分の面倒だと思うことを把握する！
・ダイエットの食事メニューを考えるのが面倒
・運動する時着替えるのが面倒
ココテスト出るよ
自分の中の面倒くさいポイントをはっきりさせてそれを省くことをしよう！

ジムに行ったり
外に走りに行くのではなく
トレーニングウェアと
トレーニングシューズを
買って…
家帰って
荷物持って
ランニングして
洗濯して 夕飯
食べて
弁当
用意して
あれして
これして
家の中で動画を
参考にしながら運動したり
ipadで
すぐできる!
仕事から
帰ってきたままの服で!
アニメを見ながら
エアロバイクをこいでみたり
凝った料理で
飽きないダイエットごはん♪
を作るのではなく
あれ入れて
これ入れて
ダイエット中も
こだわりの料理を♪
食材をつっこむだけで
作れちゃうおいしい鍋の素を
探して楽しんでみたり
とにかく
つっこむ!!
ヘルシー
だし
おいしい!!!
8時間へとへとになるまで
働くアラサー女が
帰ってきたら
もう20時!!
うおおお〜ッ!!
寝るまでの
時間をいかに
楽できるか勝負ッ!!
バタ
バタ
GO HOME
どうしたら
面倒をカットして
ダイエットを継続できるか?
を考えて行動していました。

最初からはりきっちゃう
人がたくさんいると思うけど
それは破滅への輪舞曲（ロンド）
だから気をつけてほしい。
なぁ樺地ッ!!!
ダイエットって
「自分に合った正しいやり方で
継続すること」が大事だから！
自分でも
これが一番大事〜♪
と思っていましたが
マジですごい人たちと
一般人オタクが
対談させていただきましたッ
カロミル
感激でした(泣)
専門家の方々と話してみて
やっぱりそうだったんだ……
と確信に変わったので
本編を読んでみてください。
じゃあどうすれば
継続できるのよ！
などのこともちゃんと
聞いてきたので
運動すると
現場での体力も
もつようになるから
オススメだよッ!!
みんな無理せず
自分と向き合って
心も体も健康になろう！
そして、オタクを
楽しもう！

# 健康を欲するオタクの不健康な自慢を聞いてくれ

私、しりでっどマンと申します。マンガ、ジャニーズ、K-POP、2・5次元舞台、超特急などあらゆるオタクをしています。とくに好きなのはマンガの二次創作。もともとあるストーリーを考察して、新しい物語を考えるのがとても楽しいです。昼間はふつうの会社員、夜は同人作家として、夜な夜な仲間たちと通話をしながら同人誌を描くことに情熱を注いでいます。そして、描き上げた同人誌はイベント（同人誌即売会。いわゆる「コミックマーケット」もそのひとつです）で頒布をしています。同人誌を描くだけではなく、読むことも大好きで、イベントでは好きなジャンルの作品を手に入れて、じっくりと読んでびっしりと感想を書き、作家様に送らせていただくこともあります。

そんな趣味に情熱をかけているオタクなので、自分の健康をそっちのけで、創作活動にエネルギーを燃やして生きてきました。締め切りが近くなると、睡眠時間を削って必死の原稿。手が痛くて動かせなくなるまで描くのを止められなかったこともありました。作業中はこたつに入って、手を伸ばせば欲しいものがすべて近くにある環境。トイレ以外にはなかなか立ち上がらず、寝るときもそのまま横になるだけで、ベッドにすら入らず……そんな適当で不健康な暮らしをしてきました。

体質もあるかもしれませんが、わりと体調は崩しがちで、腸の調子が悪くて下痢ばかりしていたり、肥満による生理不順だったりもしていました。とくにギックリ腰とは15歳からのお付き合いで、ギックリ腰×しりでっどマンが公式カップリングになりそうでした。解釈違いです。

運動はとくにしていませんでした。自慢じゃないですが、高校生の頃、体育のランニングでは万年最下位、バドミントンの授業でももちろん最下位。体力も運動神経ものびしろしかない女でした。社会人になってからは、自宅～職場までの道のりを歩くぐらいだし、エレベーターとエスカレーターとは大の仲良しでした。

それではいかんと、いろいろなところのスポーツジムに通いましたが長く続かず（自宅から近ければ通えるだろうと思っていましたが、近いから面倒になるんだよとジムの人に言われその通りになりました）、パーソナルジムもキツいし会費が高くて2ヶ月で辞めました。

食生活については、1日3合食べるとか、連日ラーメンを食べに行っているとか、なんでもマヨネーズをかけて食べるみたいな食事はしていません。ただ、甘いものが大好きで、食べだしたら止まらない。「ちょっとだけ」がどんどん積み重なってしまったのだと思います。

コンビニの新商品は頑張る自分のごほうびに。ポテチは原稿のお供に。3連休があると、「よし、明日から原稿を頑張るか！」と気になるお菓子を3日分買い込んでみたものの、知らないうちに誰か（私）が1日でぺろりと食べきってしまったり。

当時、私は接客業をしており、お客さまと常に会話し気を遣い、かなりエネルギーを消耗していました。これだけ疲れてるんだから、なんで我慢しなきゃいけないの？と思いながら、甘いお菓子や甘い飲みものを好きなだけ摂取していました。

お昼休憩は、「今日は牛丼、天丼、ハンバーガーのどれにしようかな？」なんて考え

ながら、職場の近くにあるファストフード店の各ホームページのメニューを眺めることもありました。

楽しい同人活動と、おいしいものに囲まれて楽しい毎日を過ごしていたある夜。突然の激痛が私を襲いました。なんと、胆嚢《たんのう》に石ができているというのです。人生で初めての入院、初めての手術が一度にやってきて、不安でいっぱいでした。

自分の不健康でまわりの方にたくさんの迷惑をかけてしまったことに、情けなさとショックを覚えました。

手術後も変わらず原稿に取り掛かっていましたが、そこに追い打ちをかけるようにやってきた、ギックリ腰の再発。体は動かず、またまた会社をお休みすることになってしまいます。ここでさらに気持ちが落ちていきました。

つらいことはあったものの、魂を削ってがむしゃらにやってきた原稿はいよいよ完成。いろんな人に私の作品を読んでもらいたいし、他の人の作品も早く読みたい……楽しいイベントへ向けて気持ちが高まっていたそのとき。人から、心をえぐられるような言葉をかけられ、私の気持ちは完全に崩れ落ちてしまいました。

あれだけ夢中になっていた原稿は手につかなくなり、自分の姿を鏡で見たとき、太った楽しそうじゃない女が目に入りました。今思えば、不健康の警報はとっくに鳴っていて、心の元気だけで頑張って立っていたんだと思います。体も心も痛い目を見て初めて「自分を大切にしていなかったこと」に気づいたのです。心も体も健康になりたい！私はペンを置き、運動を始めることにしました。

これが私の不健康の全容と、ダイエットを始めるまでのお話です。痩せたいというより、健康になりたいという気持ちから、私のダイエットはスタートしました。運動習慣もなく、面倒くさがりで、怠惰で、計画性がない私がどう運動を始めて、運動に楽しさを感じ、続けることができるようになってきたのかを、これからお話ししていきたいと思います。

また、私が痩せるまでの方法や食事内容を、フィットネストレーナーさんやYouTuberさんに見てもらい、さらにアドバイスをいただいたのでそれも併せてご紹介します。

みなさんも無理せず、自分と向き合って、心も体も健康をめざしていきましょう。

最初に始めたのはNIKEのアプリ！
もちろん無料！
う〜ん
ジムは続くかわからないしなにより会費が高い……。
都内のジムは月一万以上かかるのか〜…
1年ほど前「おうち時間を健康的に！」と推しが作ってくれたヨガマットが役立ちました。
ジムに通うお金はケチるが推しグッズはケチらないオタク
ありがとう推し、私の健康を気遣ってくれて……
アプリは、運動レベルが「初級・中級・上級」から選べ所要時間や鍛えられる部分もひと目でわかる。
腹筋のストレートアップ 12分-中級
その日の気分によって自分でトレーニングを決めることができます。
運動するなんて何年ぶりかわからんし
どたぷん
いきなり息がきれるようなハードな運動はしたくないな……
〜自分に甘いオタク〜
まずは簡単そうで初級で10分くらいでその場から動かなくてよさそうなやつを…

画像は「Nike Training Club」アプリより

よしゃーッ！
まずはこれだ!!
初級だし10分だし
簡単そうだし！
どれくらい
自分ができるか
ためしてみっか!!
プランク
ハア
ガク
ガク
ハア
ペちょ…
ぜんぜん
ゾオッ
できぬが!?
筋力がなさすぎるうえに、
自分が重すぎてまともに
運動ができなくて、ドン引き。
次は
このポーズ……
これなら楽そうだ
ハア
ハア
とんでもねぇ
汗が…
腹がじゃまで
手がとどかない!?
ぜ～～んぜん
楽じゃ
ねぇ～～!!!

腹がつぶれて
息ができないし
ふンッ
うゔ〜
腹が出すぎて
向こう側も見えない
私が痩せる
ずいぶん遠くまできちまったようだ…
未来も見えない
そんなとき、NIKEアプリのお姉さんが
苦しいときはこれをやって！
口角を上げるの！
ハァ…
ハァ…
ハァ…
ハァ…
にこ…

よくがんばりました！
本当にキツかった。
ゼーッ
ゼーッ
↑トロフィー（画像）くれる。
でも……なんか……
ハァー
ハァー
ハア…
ハア…
楽しかったなー!?
爽快感〜〜ッ
NIKEアプリのお姉さんはとにかく楽しむことを教えてくれました。苦しいのはそうですが、どうせなら、楽しむことを意識しました。
家でひとりでやっているので恥ずかしいことはありません。
〜もはや爆笑〜
アハハハ
ムリムリ
ガク
ガク
できない自分も、頑張っている自分もどんどん愛おしく感じます。

私がNIKEのアプリの存在を知ったのはある日友だちが
またナゾの画像をあげている……
ともだち
今日もやったった
6X
——と、Twitterであげていた画像がきっかけでした。
通話中
あの画像はなに？
最近NIKEのアプリで筋トレしてるんだ〜
筋トレ!! えらッ
トレーニングが終わるとトロフィーがもらえる！
わっ！
トロフィーがもらえる!? かっこいい!! ほしい!!
そんな友だちのおかげで
今日筋トレめんどーだなーサボろっかなー
どんな状況でもツイッターは見る
ハッ
ともだち
腹筋割りたい
なんかすごいトロフィー
え〜〜〜〜〜〜〜ッ
えらすぎる〜〜〜〜〜ッ
うぅ〜〜ッ
立ち上がれ〜ッ
私もやる〜〜〜〜〜ッ
誰かが頑張っている姿を見ると私も頑張ろうと思えるのでした。

トロフィーがもらえると
やっぱり嬉しかったし
自分のがんばりが
目に見える〜ッ
しりちゃんも
続けてて
えらい!!
でへへ〜
えらいよね〜ッ
そのトロフィー画像を
ツイートして
友だちとほめ合って
継続することができました。
そんな
ある日
あれ
……?
君は
引きこもっていたハズの
鎖骨!!??
少しずつですが
体の変化も
感じるように
なりました。
会いたかった…
もう
はなさない…♥
続ければ続けるほど
とっ
とどいた
!!
できなかったことが少しずつ
できるようになりました。
不格好でもいいこと、
トロフィーや体形で積み重ねが
目に見えること。
苦しいときは
口角上げるの
はいっ
ノリノリで
やると
楽しい。
なにより、運動が楽しい!
と思えるようになったこと。
それが私のなかで大きかったです。

仕事から帰ってきて
ごはんを食べ
はらへった〜
ホカ
ホカ
部屋がせまいけどヨガマットがしけるスペースがあれば大丈夫!!
ぺろ〜ん
ヨガマットを敷いて
仕事から帰ってきた
服のまま
きのうより腰をおとすぞ
がんばるぞッ
自分の気分に合わせた
運動をして
汗だくになって
そのまま風呂に直行。
汗で化粧がデロデロだ〜〜ッ
結果、夜ふかしせず就寝。
ふ〜
同人誌を描いているときは
うでが痛い…
あと4時間ねれる…
ヨシ…
〜限界原稿オタク〜
「自分の命を削って描く」
という気持ちでした。
なんか……
自分を大切にしてるな……
もちろんそれも
なににも代えがたい
充実感はありましたが、
すや〜…
この生活の充実感は
また違った良さが私を
包み込んでくれました。

正直なところ、体重は最初の1ヶ月大きな変化はありませんでした。
あれれ～？
この体重計古いからこわれてるのかな～っ
おかしいぞぉ～
しかし
いや待て私は痩せるために運動しているというより
健康になるために運動をしているんだ!!
うおおおお～ッ
――と思うことにしました。
人は最低でも3週間ほどで「習慣化」されるそうです。
ふー～…
今日はゆったりヨガコースにしよ～
体重が変わらなくてもなんとなく変化を感じて続けてみる
確実に「健康」に近づいている
こんなにカラダがかたいなんて…
できなかったことができるようになる面白さ……
果てしない道ですが一歩ずつ進んでいる気持ちでした。

# まずはお金をかけずに「運動習慣」を身につけました

運動を始めたいと思ったときに、ジムに通ってみるか？と最寄りのフィットネスジムを検索したことが何度もありました。でも自分は怠惰の塊みたいなもの。ちゃんと続くのか〜？？？という気持ちと1ヶ月の会員費がたっっけえ！！！という気持ちが、ジム入会を考える私を止めました。

そんなとき、友だちに教えてもらったスマートフォンアプリ「Nike Training Club」を始めてみることにしました。筋トレからヨガまで180以上のワークアウトが無料で受けられるすごいアプリです。運動レベルや所要時間も選べるので、まだ運動に慣れていない自分に合わせたレベルの運動を教えてくれました。

最初は、とにかく「初級」と書いてあるトレーニングをよくやっていましたが、初級でも本当にきつい！この光景がいつか、自分のこの地道な運動で変わるのだろうか？腹が大きすぎて見えない足元は見えるようになるのか？と果てしない気持ちになったのを覚えています。でもジャンプの主人公だって、修行する回は必要だし、いきなり強くなっても「結局、血筋か〜？」と読者に思われてしまいます。私は今、修行回を経験しているんだ、と自分に言い聞かせました。

とくにきつかったのは、うつ伏せの状態で両腕と肘、つま先を地面につけた姿勢をキープする種目「プランク」。たった数秒でも永遠のような長さ。精神と時の部屋にいたのかもしれません。運動不足で固まった体と、大量に脂肪を蓄えたオタクが必死にジタバタする姿はさぞ滑稽《こっけい》だったでしょう。

# Nike Training Club
# 初心者おすすめワークアウト

## クイック コア クラッシュ

初級、10分、腹筋やさまざまなところを鍛えられるワークアウトです。一番やっていました。初心者がギリギリできます。オススメ。

## 全身をリフレッシュさせるフロー

初級、12分、全身をほぐすワークアウトです。これは心のよりどころ。まずは「私は今日“やったぞ”」という気持ちを育てましょう。

## 12分間：腕と腹筋

初級、12分、上半身中心のワークアウトです。「プランク」という体幹トレーニングで、精神と時の部屋に入る疑似体験をしてみましょう。

## 10分間のHIIT：スタビリティ ブラスト

初級、下半身中心。体の一番大きい筋肉、足から動かすと効率よく脂肪燃焼できると聞き、チャレンジ。もし、これをあなたがやるというのなら、私はあなたを抱きしめたい。

画像は「Nike Training Club」アプリより

さて、続けられた理由のひとつに、ワークアウト後にアプリ内でもらえる「トロフィー」があります。トロフィーをもらうには達成条件があるので、楽しみながら続けることができました。友だちとは、毎日トロフィーの画像をTwitterにアップし合い「こんなすごいトロフィーもらえたの!? えらい!」「またひとつ〝強さ〟を手に入れてしまったようだ……」など、お互いを称え合いました。また「Nike Training Club」では、海外のトレーナーがあらゆる言葉で励ましてくれます。あなたは、最近誰かにほめられましたか? 私は、「とりあえず汗を流してほめてもらうか〜」という動機でアプリを起動する日もありました。

運動を始めて3週間が経ったころ。体重はほとんど変わりませんが、なんとな〜く体形が変わっていくのを感じました。それでも、しばらく本編に出てこなかった推しキャラが数年ぶりに再登場してくれたときのような喜びと感動がありました。その変化を見逃してはいけません。そしてワークアウトのレベルも中級、時には上級にチャレンジできるようになりました。自分の成長を自分で見つけられるようになるのも筋トレのよいところだと思いました。

なんとなく変わった体形と、できなかったことができるようになる喜びで「運動をする習慣」を身につけることができました。運動=つらい、苦しいという過去の思考を一度リセットし、いいところを見つけるのは大切です。ここが運動を続けられるか、挫折してしまうかの分岐点。敵だったキャラが味方になる熱い展開を迎えましょう。

## 運動を始めてから1～2ヶ月の変化

### 約90kgから変動ほぼなし

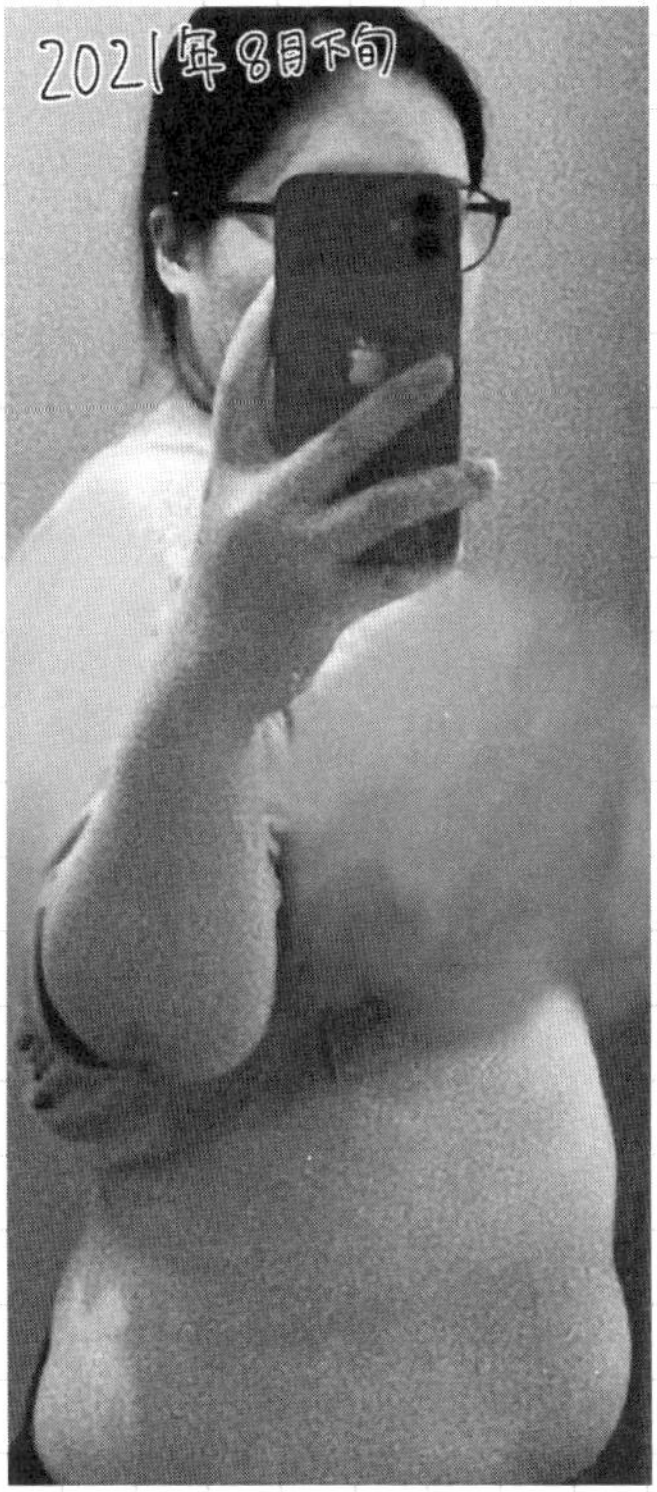


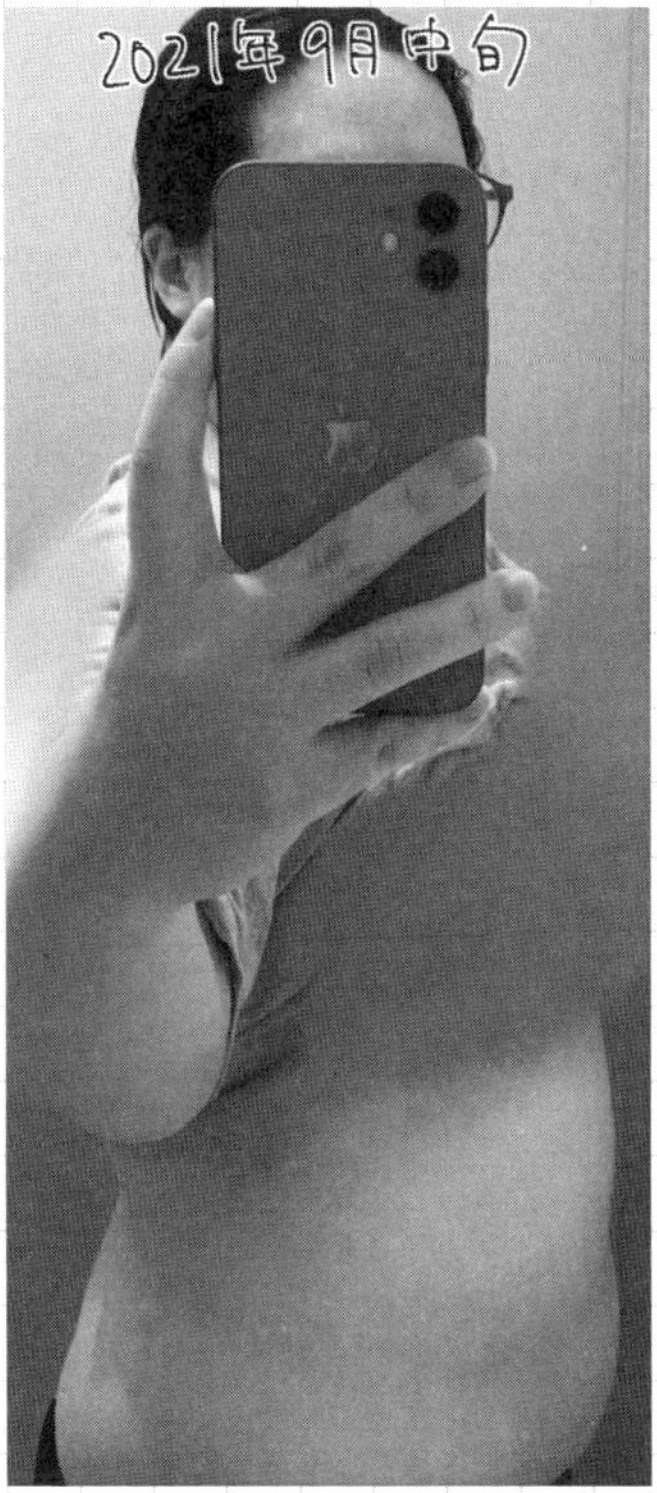


### ここがポイント

最初からジムに投資せず、無料アプリで運動を始められた

体重に変化がなくても諦めずに続けた

「運動をする習慣」が身についた!

専門家に聞きました❶

# 1日1分でもやってみる！
# 楽しく運動を続ける自分になる方法

フィットネストレーナー

**福島沙織**さん

YouTube:https://www.youtube.com/@saoriworkout363
インスタ:@saori.fukushima

オンラインジム「GET IDEAL BODY」主宰。過去にはフィットネスクラブ「ティップネス」にてインストラクターとして指導・メニュー開発などに携わり、2017~2022年には、NIKE Master Trainerとしてイベントの出演や監修を行った。メディア出演多数。

---

**——福島さんは現在、オーストラリア在住でオンライントレーニングやヨガ、食事指導を中心に活動されていますね。**

**福島さん**　私はもともと、ダンサーとして活動していましたが、腰を痛めてしまったのをきっかけに、健康に関する仕事をしたいと思うようになりました。そこからフィットネスクラブで働き始めて独立し、今に至ります。

**——フィットネスクラブでは、どのようなことをされていたんですか？**

**福島さん**　解剖学など体の勉強から始まり、グループレッスンでのトレーニングなども担当しました。あとは、NIKEが提供しているプログラムのインストラクターも務めました。

**——そのご経験から、NIKE Master Trainerに就任されていたそうですね。**

**福島さん**　はい。NIKEが主催する大型のイベントや、毎週のトレーニングクラスなどに出演し、ときにはプロのアスリートの方と一緒にレッスンを行っていました。

**しりでっどマン**　すご～い！　私はNIKEのアプリで運動を始めて、楽しく継続できています。

**福島さん**　アプリや動画は運動を始めるきっかけとして取り入れやすいですし、NIKEのアプリはいろんな種目、レベル、時間全部が選べるので、間口が広くて取り入れやすかったのだと思います。

**――ひとりで宅トレする場合、どうすれば運動を楽しく続けられますか？**

**福島さん**　まず時間は関係なく、1日3分、いや1分でもいいからやるというのが、一番のスタートです。たとえば「1日10回だけスクワットをやる」という約束を自分で作って、1週間だけやってみる。1週間やったら物足りなくなるので、1日1回ずつ増やしてみると、100日で100回になりますよね。

**――腹筋なら得意だから、まず腹筋からやるでもいいんですか。**

**福島さん**　もちろんです。推しのライヴを見ながら手を振るのでも、二の腕のいいトレーニングなわけです。私もライヴに行ったあとに二の腕が筋肉痛になったことがありますよ。とにかく、運動するということのハードルを下げることが大切です。

**しりでっどマン**　おっしゃるとおりですね！　運動に対しては、つらいとか、マイナスなイメージばかりが頭にこびりついていて、苦手意識があったんですよ。でも、NIKEのアプリで外国人トレーナーさんの面白いノリについていったら、すごい疲れたのに「あれ、楽しかったかも」って思いました。トロフィーがもらえることも、なんてことないと思ってしまえばそれまでですが、そこで喜べる自分がまた継続につながったんだと思います。

**福島さん**　とても模範的な歩み方をされていると思います。最終的な目標はあるけれども、まず運動を楽しいと思えて、どんどん習慣づいてきて、人生的にもビルドアップしていく。しりでっどマンさんの歩みを読んで、運動することの喜びってこれだよね、と思いました。

## 福島さんに聞いた
## 「運動を楽しく継続する方法」まとめ

### 自分で守れる約束を作り、1日1分でもいいので運動する

まずは、運動に対する苦手意識やハードルを下げていく。たとえば「1日10回だけスクワットをやる」と決め、1週間だけやってみる。物足りなくなってくるので、回数を増やしていく。

### 運動は1回で長時間行うよりも、複数回を短時間で行う

1週間のうちの1日に1時間だけ運動するより、1日10分ずつを7回運動するほうが続けやすく、体にも効果が出やすい。4日目くらいになったら、「楽になってきた気がする」と感じ、自己肯定感が上がることも。継続的に行って、自分を観察するとよい。

### これもれっきとした「運動」です！

「YouTubeを見ながらダンス」「推しのライヴを見ながら手を振る」「つま先立ちをしながらお皿を洗う」などもトレーニングになる。好きな運動や得意な部位から始めることで、楽しく行える。

---

**しりでっどマン**　すごい嬉しいです！　少しずつできていく自分は、本当に自信に変わるんですよね。昨日は10回しかできなかったけど今日は20回できたとか、運動って、自分を肯定してあげられる手っ取り早い方法だなと思いました。自分は本当はこんなことができるって知ることができる。新しい自分に出会えるきっかけになるものだったんですね。

**福島さん**　他人と比べるんじゃなくて、昨日までの自分と比べられるのがいいことだと思います。運動は、自分との会話。自分と向き合う時間がとれるものだと思います。

**しりでっどマン**　短時間でもきついのに、自分を大事にしてあげている時間って感じですよね。私、健康になりたいって気持ちが大きくて、体重は変わらなくても健康には近づけていたから、続けられたと思います。やらないよりはやったほうがいい。

**福島さん**　私はパーソナルトレーナーとして、お客さんの長期目標と短期目標を決めて、目

標達成までの階段を作ることもしています。しりでっどマンさんはそれを自然とできていたのだと思いますし、どうしても変わりたいという芯の強さがあったのだとも思います。

**しりでっどマン**　うれしい～。痩せたいという人は、具体的な目標でも、無理がある目標を立ててしまうものなんですか？

**福島さん**　目に見えたわかりやすい目標って数値なんですよね。「シェイプアップしたい」という目標が、「〇kg痩せたら多分そうなるだろう」と設定してしまって、痩せるためには食べなければいいや、と考えてしまう。そうすると筋肉が衰え代謝が下がる。目標を達成しても、もとの食生活に戻したら、さらに体重が増えてしまう可能性もあります。

**しりでっどマン**　体重と体形って違うものなんだなと感じました。太って70kgになったのか、痩せてきて70kgになったのかでも、全然違いますよね。体重っていうよりも、体形で変わってくるんだなと思いました。

**福島さん**　脂肪と筋肉では同じ1kgでも体積が違って、筋肉のほうが小さいんですよ。トレーニングしても体重が変わらなかったり、むしろ増えた場合でも体形は変わってくる。体重と体形はイコールではないと思っておいたほうがいいです。なので、数値を目標とするのはいい目標の立て方かというと、違う場合もあるんです。

**しりでっどマン**　私はダイエットを意識し始めるようになって、知識を得ていったけれど、なんにも知らないときって、食べなきゃ痩せるってイメージもあったし、とにかく楽して痩せたい、って思っていました。身の周りの友だちとかも、間違ったダイエットをしている人はまだ多いのかもなって思います。

**福島さん**　ダイエットをすると、もっと詳しく知りたくなるタイミングが来ると思います。無理なダイエットをされている方がいたら、「自分もそれ通ったんだよ」と経験込みで伝えてあげるのもいいかもしれないですね。

## 福島さんからしりでっどマンへ今後のアドバイス

### 食べ物の成分表を見るクセをつける

炭水化物は1gとったら4kcalだが、脂質1gをとると9kcalと倍以上になる。脂質の少ない商品を選んだり、調理方法でなるべくカットしたりするとよい。

### たんぱく質の量を意識する

ボディメイクする場合、1日のたんぱく質の摂取量は体重の数値×2g分が理想。70kgの人だと140g。脂質は、体重の数値×1gよりもちょっと少なめに。

### やったことのない運動にチャレンジする

NIKEのアプリで筋トレやヨガはできるので、ボクササイズなどがオススメ。いつもと違う筋肉を鍛えられ、飽きも来ずに続けられる。

---

**しりでっどマン**　福島さんは、モチベーションが下がっている人にはどう接していますか。

**福島さん**　モチベーションを無理に上げさせないようにしていますね。「私も結構食べちゃうんですよ、チョコとか」「1回ストレッチだけでもしてみましょうか」などと声をかけます。気分には波がある、そこに気づければ万々歳です。

**しりでっどマン**　とてもポジティブですね！

**福島さん**　ポジティブもネガティブも、どっちも持っていて当たり前なんですよ。ネガティブがダメというわけでもないですしね。

**しりでっどマン**　私はこれまで、自分のことは二の次で、とにかく楽しい趣味をやっていたんですけど、つまずいてしまったんです。自分を適当にしていたことにはっと気づき、自分を見つめ直そうって運動を始めました。まさに自分の体と対話をしたんです。

**福島さん**　自分を大切にしていくからこそ、まわりの人やものも大切にできると感じますね。

**——福島さんも、日々の運動がめんどくさいときはありますか？**

**福島さん**　正直、あります。やる気にならなかったら「今日はいいか、しょうがない」と。自分の心に正直に、ハードルを上げすぎない。

**しりでっどマン**　私も迷ったときは、いっそ寝ちゃうことにしています。寝ることもダイエットにはいいし。私のためだし。

**福島さん**　やりたくないときは、何かしらの理由があると思うんです。仕事や育児で疲れているとか、嫌なことがあって気が乗らないとか。解決できる理由だったら、解決するほうに重きをおいたほうがいいと思います。

**——運動を渋って迷っているより、やりたくない理由を探したほうがよさそうですね。**

**福島さん**　運動をしたいときに、できるようにしたほうがいいと思います。また、時間よりは質なので、だらだら運動するより短時間集中したほうが続けやすく、効果が出やすいです。慣れてくると自己肯定感も上がります。

**しりでっどマン**　痩せてくると、食べることにもポジティブになれました。食べすぎても「代謝を上げるために食べたんだ」と変換できるようになったんです。

**福島さん**　起きたことは変えられませんが、どのように捉えるかで感じ方が違いますよね。いい方向に捉えることができてよかったです。

**しりでっどマン**　正直、体形や体重が変わるよりも、考え方が変わることが、ダイエットをやっていて、よかったことだと思いました！

アドバイスまとめ

**トレーニングアプリや動画は、運動初心者にも取り入れやすい**

**運動に楽しさを見つけ、運動に対するハードルを下げられたのが成功の秘訣**

**運動は量よりも質。短時間でもいいので取り組むこと**

さまざまなところで
脂肪を燃焼するためには有酸素運動
やはりやるべきか…
──と、目にしました。
ランニング始めちゃう!? ウェアとシューズも買って～
運動習慣ついたし♪
ランニングセット
いや…つづくか？
仕事から帰ってきて20時だぞ……
そこから着替えて……？
夕食のタイミングは？
ランニングウェア2着は買わないと洗濯が……
雨の日は行かないだろうな……
そもそもそんなに治安がよいところでもないし……
もやり…
もや…
私の性格じゃ……
怠惰
絶対続かないぞ……
続かない自信しかない…
え～でもやりたい気持ちはあるよ～
今この向上心逃したくない～ッ
うああ
あああ…
あっ

エアロバイクって買えるのカナ……
こんなフォルムだったような…
ぼや〜…
エアロバイク
アマゾンおすすめ
えっ
1万円台で買えちゃう!?
マジ!?
意外と手を出せる金額に驚愕《きょうがく》しました。
——ということでエアロバイクを購入!
私が購入したのは「マグネット式」というタイプで
スリーピングビューティーだ…!
…
音や振動がほとんどありません。
すごい…!うちがジムみたい…!
夜遅くても気にせずこげてしまう……!

しかし問題発生
痛いッ!
しりが痛い。
サドル部分が硬くて体重が重いので
同じような人おらぬか… エアロバイク 尻 痛い
同じ人いっぱいいる…
おしりが痛くてこげなくなりました。
そこで大活躍
パンパカパーン
※サイズが色々あるので注意しましょう!!
エアロバイクのサドルカバー!
とはいえそれでもおしりは痛くて
ここをのりこえねば…
さらに厚めの座布団を敷いてこぎました。
調べてみるとクッションがついたトレーニングパンツや
ここがクッションになってる
めちゃふかふか
分厚いサドルごと販売もされていました!
やがて3週間ほどで痛みを感じなくなり
すご! ぜんぜん痛くない!! 乗り越えた〜
今ではカバーのみでこげています。

私の購入したエアロバイクは
速度・時間・カロリー等が
画面に表示されます。
うるぁあぁあ
めちゃ速くこいで
35〜40km/hくらい
ゆるーくこいで
15km/hくらい
ブッ
ブッ
ブッ
私はいつも18〜20km/hの速度で
1時間こいでいました。
筋トレ→有酸素運動の順で行うと
いいですよ――というのを聞き
NIKEアプリで10分ほど
トレーニングをして体を温めてから
エアロバイクをこぎました。
バケツかぶったんか?
ドロォ〜…
すると、びっしゃびっしゃに
汗をかけます。
これがキモチイイ〜ッ
仕事から帰宅し着替えず
そのまま始められる
エアロバイク。
バッサ〜ッ
だれにも見られてないから気楽だーッ
運動にとりかかるまでどれだけ
時間短縮できるかは
継続の大きなカギだと思います。

なにより!!
エアロバイクの魅力は
こぎながらいろいろできること!!
小野田くんッ…!
私ももう30ケイデンス上げますッ
ipadが置けて良い!
アニメを見ながら
こげます。
エアロバイクをこいだら見られる!というルールを作って2話ずつ見進めよう
次は何にしよ~ 新テニスの王子様見ようかな
アニメを見るために
エアロバイクを
こぐという楽しみが
できました。
以前原稿をしていた
オタク友だちとは
しりさん 今何しているの?
今エアロバイクこいでるよ~
オタクの作業通話はもくり!
え!? エアロバイクこいでるの!? えらーーーッ
静かでわかんなかったけど……
よかったー
ハァ ハァ
そっちは原稿? えら~いッ
でも確かにハァハァ言ってんな……
エアロバイクを
こぎながら通話。
通話中
なにその萌えシチュエーション
友だちと
盛り上がり
今、時速30km/hでこいでっからァ!!
ハァハァ言ってんなー
おおおぉ
うぉ
おぉ
ぐる
ぐる
ぐる
オタク大興奮エネルギーを
利用して脂肪燃焼。
通話をすると時間は
あっという間に経っていました。

またこの時期から「カロミル」というアプリでカロリー管理を始めました。
カロミル
運動名
HIITトレーニング
消費カロリー
kcal
自分で入力!
毎日、食事の摂取カロリーや運動の消費カロリーを入力しています。
表示されている数値をそのまま入力するだけなので、わかりやすくてありがたい。
筋トレやHIITでカロリーを消費し
うおおおおおおおおおおおおお〜〜!!
心臓バクバク汗ダラダラになり効いてるッ!と感じつつ
よ〜し あとはエアロバイクだ…ッ!
ゼェ
ハァ
そのままエアロバイクにのってみると
ついに体重がストト〜ンと落ちるようになりました。
まじ!?
ピピッ
でもこれいきなり取り入れたら続かなかっただろうな……
スタートダッシュばかり気合い入れちゃうやつだ…
なかなか大変ではあるので運動習慣がついた方におすすめな方法です。

# 面倒でも続けられそうな有酸素運動を選びました

「Nike Training Club」アプリのおかげで運動習慣がついたので、ランニングも取り入れてみようかな!?と思いました。しかし、怠惰の塊みたいな私は、仕事が終わって家に帰り、ランニングをする服に着替え、シューズに履き替え……果たして外に出るだろうか? そう思いながら、Amazonのランニングウェアページを行ったり来たりしたのを覚えています。雨が降ったら絶対やらないし、天気に左右されない、着替えもいらない運動はないものか……とエアロバイクを思いつきました。

そのままAmazonでエアロバイクを検索してみたら……なんと! 1万円とちょっとで買える!? もちろんピンからキリまでありますが、意外と安い!と思いました。

エアロバイクのことはなんにもわからなかったので、とりあえずYouTubeでも検索。毎日1時間こいでる方がどんどん変わっていく姿を見て、これなら自分も変われるかも! 続けられるかも!と、進研ゼミの漫画みたいなことを思いました（これはネタバレですが、変われました。ネタバレ地雷の方、すみません）。

ちなみに私が購入したのは、BTMというブランドのフィットネスバイク。マンションに住んでいるので音が気にならないか心配でしたが、とても静かでした。こぎながら通話もしましたが、気づかれません。ただし、私がハァハァしだすと、「何してるの……?」と怪しまれて気づかれます。

本体といっしょに、フィットネスバイク用のサドルカバーも購入しました。サドルはとても硬いので、これがないと本当にしりがデッドします。しり硬化の〝個性〟を

## しりでっどマンが購入したエアロバイクはコレだ！

## この時期に行っていたNike Training Clubワークアウト

### クイック コア クラッシュ

P41と同じもの。その場から動かず、息ぎれするわけでもないのでお気に入り。迷ったらコレ!

### 大臀筋《だいでんきん》と腰のストレングス

中級、20分、下半身、腰中心。こんなに自分の足って重たいの!?と驚きます。丸太です。

### 下半身のクイックヒット

初級、20分、下半身中心。地味な動きだけど、じんわりじっくりキツ苦しい。筋肉痛を快感にしましょう。

### エッセンシャル リストラティブ ヨガ

20分。体が気持ちよく、呼吸が深くできるようになったと感じました。ヨガをやる自分って……“良い”と思いませんか?

※ワークアウトは2021年当時のものです

お持ちでしたら購入しなくても大丈夫だと思いますが、無個性の方は購入をオススメします。私は無個性なので、最初はサドルカバーをつけてもおしりが痛かったのですが、3週間ほどで慣れました。それまでは座布団を敷いてこいでいました。

NIKEアプリで10〜20分のワークアウトを行ってから、そのままエアロバイクを最低20分ほどこぐと、汗が滝のようにふきだします。私、やってんな〜！と、テンションが上がりました。「アニメは、エアロバイクをこいでいるときだけ見てもよし」と決め、人参をぶら下げて走る馬がごとく、やる気を出していました。終わったらそのままお風呂へ直行。今までの私ならば、夜はお風呂に入るのが面倒でぐだぐだしていましたが、運動をすると、速攻でお風呂に入ろうと思えるのが最高でした。

こうして有酸素運動を取り入れ、食事も気にするようになってから、体重の変動をものすごく感じました。体重は1ヶ月間で4kg、体脂肪率は3%減りました。筋肉量はあまり変わらず、体脂肪率に変化があることに感動したのを覚えています。

私のような面倒くさがりな人は、しっかり運動習慣が身についてからお金をかけるのがいいと心から思います。形から入ることで毎回失敗していた自分を振り返り、まずは少しずつ、無料でできることからやってみる。それが私のやり方でした。

でないと、エアロバイクが洗濯物かけになる未来が待っているからです。それならば、洗濯物かけを新調するほうが洗濯物がかけやすい。まず運動する習慣を作ってから有酸素運動に取り掛かるほうが、成果も出やすいと思います。

## 運動を始めてから2～3ヶ月の変化

90kg → 86kg

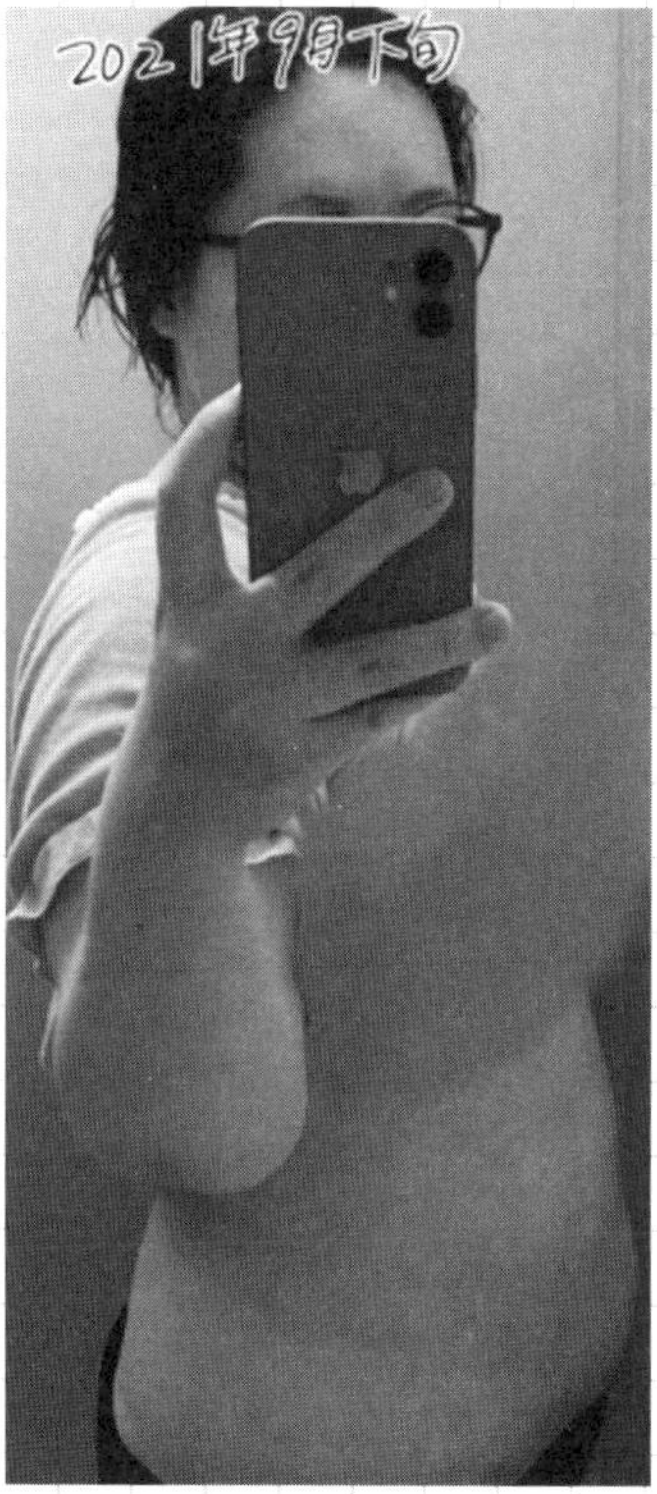


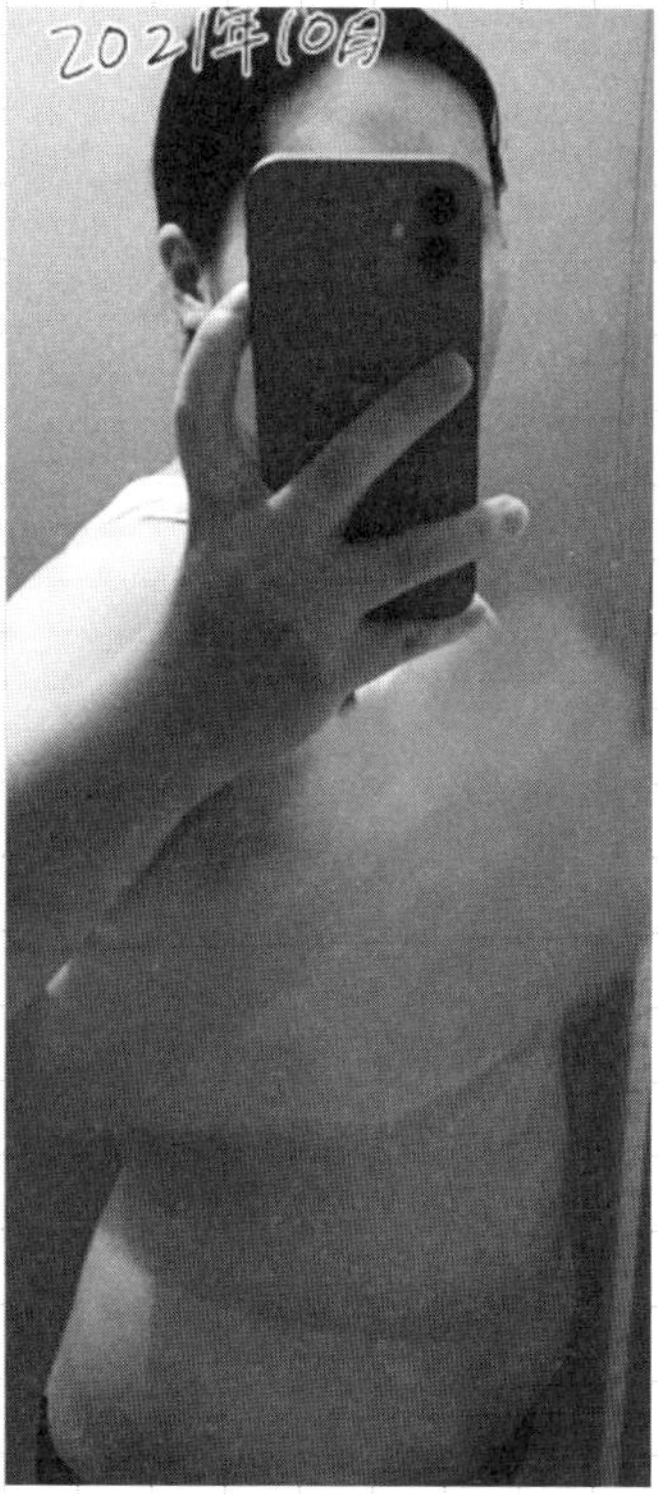


### ここがポイント

面倒な着替えや移動が不要な有酸素運動を選択

「筋トレ→有酸素運動」の順で運動を継続

1ヶ月間で体重4kg減、体脂肪率3%減に成功

## 専門家に聞きました❷

# 体力や天候に左右されない エアロバイクのススメ

ジムインストラクター

**武内教宣**さん

Youtube：https://www.youtube.com/@second-fitness/
インスタ　：@second_fitness

「セカンドフィットネススタジオ」主宰。YouTubeにてダイエットやエアロバイク情報を発信。著書『ダイエットは「目標設定」が9割』（ごきげんビジネス出版）ほか多数。

**――武内さんはYouTubeでエアロバイクの使い方やダイエット方法を発信されていますね。**

**武内さん**　私はもともとスポーツクラブで働いており、エアロバイク指導の経験もあったのですが、たまたまエアロバイクについて発信したところ、再生数が伸びたのがきっかけです。フィットネス系YouTuberさんはよく筋トレを教えていますが、有酸素運動を教えている方は意外と少ないんですよね。

**しりでっどマン**　私も、エアロバイクを買う前に武内さんの動画を見ました。YouTubeでエアロバイクと検索すると、武内さんの動画は絶対出てきますよね。そもそも、ダイエットにはどんなメリットがあるんですか？

**武内さん**　エアロバイクは、簡単に負荷を調整できるので、運動未経験者からアスリートまで使えます。消費カロリーや心拍数が画面に表示されるので、数字の計算をしなくていいのはメリットだと思います。

**しりでっどマン**　なるほど。プロの目線！

## エアロバイクの特徴

画像はSTEADY公式サイトより

**武内さん**　ほかにも「運動能力を問わず使える」「腰や膝などに不調がある人でも使える」「天候に左右されないので継続しやすい」など、メリットはたくさんあります。

**しりでっどマン**　私は、室内で使える、天候に左右されないという理由で選びましたね。

**武内さん**　やりたいときにできないって結構ストレスになりますよね。

**しりでっどマン**　まさしくそれです。私は1万円ちょっとのモデルを購入したのですが、どんなものがダイエットに向いているなどはありますか？

**武内さん**　エアロバイクと一口に言っても種類があり、直立姿勢で使う「アップライトバイク」、アスリート向きの「スピンバイク」や背もたれのある「リカンベントバイク」、収納できる「Xバイク」、座面がなくてペダルのみの「ミニバイク」などさまざまです。
ダイエットなら、「アップライトバイク」や「Xバイク」がいいと思います。

**しりでっどマン**　私の購入したエアロバイク（57ページ参照）は、2段階にイスを動かせるのですが、どのタイプなんでしょう。

**武内さん**　Xバイクであり、上体を起こしてこぐのでアップライトでもあり、背もたれがついているのでリカンベントでもありますね。

**――とてもいいモデルじゃないですか！**

**しりでっどマン**　ちなみに、私の漫画を読んでくれた友人が「ミニバイク」を買おうとしていたんですが、それはどうですか？

**武内さん**　「ミニバイク」は、運動負荷が低いので、高齢者の方のリハビリや運動不足の方に向いているモデルになります。

**しりでっどマン**　なるほど～。ダイエットが目的なら、運動負荷が高いほうがいいですよね。そう伝えておきます！

**――購入するときは、ほかにどんなことに気をつければいいのでしょう。**

**武内さん**　エアロバイクは大きさがあるので、部屋の広さを考えてサイズを選びましょう。マンションで使う方は、床を傷つけないように気をつけて。あと、こいだときの音の大きさも確認しておくと安心です。

**しりでっどマン**　ヨガマットが敷けるスペースがあれば余裕ですよね！　音に関しては、友人と通話しながらこげるくらいなので、私は気になりませんでした。

**武内さん**　私も、これまで7台ほどのエアロバイクをこいだことがありますが、それほどうるささは感じませんでした。メーカーによってはデシベル数なども書いてあるので、参考にしてみてください。

**――しりでっどマンさんは、やわらかいサドルカバーを購入していましたが、それは必須ですか？**

**武内さん**　じつはサドルは硬いほうがいいです。骨盤が安定して、真っすぐ力が伝わるように、硬く作られているんです。本格的にやられる方はより硬いほうを選んでいます。

**しりでっどマン**　え！　そうなんですか！　購

入当初は、疲れよりもおしりの痛さで続けられないというのがありました。

**武内さん**　そういうときは、前傾姿勢でこぐのがオススメです。真っすぐな姿勢で乗っていると、体重がそのままおしりにくるので痛いんです。女性の方は、座骨や尾てい骨が痛いという方も多いと思うのですが、クッションを挟んでもいいと思います。

**しりでっどマン**　本当におしりが痛くて、だから私しりでっどマンなんだなって思いました。クッションの上にまた座布団をのっけてこいでいたんですけど、不思議と慣れましたね。

**武内さん**　そうなんです。いずれは慣れますから、我慢できそうな痛みであれば、私のジムの会員さんにも「我慢して使ってみてください」とオススメしています。

**——効率よく脂肪を燃やすにはどのくらい運動をしたらよいですか？**

**武内さん**　1回当たり10分以上、週150分を目標にしてください。週150分は厚生労働省も推奨している数値です。30分×週5日や、50分×週3日などでも構いません。

**しりでっどマン**　なるほど。週150分できれば、毎日必ずやらなくてもいいんですね。

**武内さん**　ただ、心拍数が上がらないと脂肪燃焼にはならないので、ご自身の最大心拍数の60～70％の負荷で行ってください。たとえば40歳の場合は、最大心拍数は108～126をMAXに、それ以上にならないように。

**しりでっどマン**　私のエアロバイクは心拍数の表示がないです。その場合はどうしたら？

**武内さん**　6秒脈を測って×10します。60秒間に何回脈を打っているかなので。

**しりでっどマン**　なるほど！　それにしても、心拍数が上がらないと脂肪燃焼にはならないとは……ギクっとしました。

**——しりでっどマンさんのダイエット法は、武内さんから見てどうですか？**

**武内さん**　とくに悪かった点はありません！

**しりでっどマン**　え！　嬉しい！

## エアロバイクで効率よく脂肪を燃やす

**1回当たり10分以上、週150分を目標に**

**最大心拍数（220-年齢）の60～70%の負荷で行う**

※40歳の場合、108~126。
脈を6秒測り、出た数値に10を掛けることでも最大心拍数を算出できる。

**上記の負荷が保てるのであれば、**
**ペダルの負荷は軽くても問題ない**

※足が太くなるのが嫌な人は軽めでも（簡単には太くなりません!）。

**武内さん**　よかったことは体重が変わらなくても筋トレを3週間続けられたことだと思います。うちのジムの会員さんも、最初は体重の変化がないんですが、運動の重量はあがっていくんです。すると、3ヶ月目くらいから数値に変化があるんですよ。しりでっどマンさんの経験もまさにそれです。食事制限だけだと、体重はすぐに減るんですが、筋肉が落ちているだけなんですよね。

**しりでっどマン**　そうなんですね、よかった！　ということは、もし今からエアロバイクを始める人がいるとしたら、筋トレから始めたほうがいいってことですか？

**武内さん**　それは体形によりますね。私の場合は、優先順位を決めて教えています。女性でいうと、体脂肪率40％以上の方はまず生活習慣を見直し、40％～30％の人は有酸素運動を中心に、20％台の人は、筋トレ中心に運動ししてみてください。食前に運動すると、今体についている脂肪が燃えますし、食後に運動すると、食べたものがこれから脂肪になるのを防ぐことができます。もっと痩せたい人は食前に、もう痩せていて太りたくない人は食後がオススメです。両方行ってもよいですよ。

**しりでっどマン**　わかりました！　私は、食前に有酸素を中心にやっていきたいと思います。

**――最後に、武内さんが考える、ダイエットに挫折しないコツを教えてください。**

**武内さん**　挫折する理由はさまざまです。自分の性格やライフスタイルから、挫折の原因を見つけ、対処法を考えることが大切です。

**しりでっどマン**　最初に頑張りすぎちゃったり、あと「今日は寒いから」とか言い訳探しちゃうんですよね。

**武内さん**　張り切りすぎる人は、「週3回15分エアロバイクをこぐ」など、できるかもしれないし、できないかもしれないくらいの目標を立てましょう。運動が好きじゃないなら、なるべく日常生活や趣味で活動量を増やす。環境に左右される人は、SNSでダイエット宣言をしたり、友人と取り組みましょう。

**しりでっどマン**　私も友人と運動したから、続けられたと思います。

**武内さん**　ただなんとなく痩せたいと思っている人のダイエット成功率は8％だといわれています。医者から痩せるように言われた人の成功率は70％。明確な目標があるほうが、成功しやすいです。失敗は再現性がある。ダイエットに限らず、いつも何で挫折しているか振り返ってみましょう。

### アドバイスまとめ

**エアロバイクは運動が苦手でも取り入れやすい**

**体重に変化がなくてもまず筋トレを3週間続けられたことが成功の理由のひとつ**

**人は同じ挫折を繰り返す。自分の傾向を知って、続けられるダイエットをしよう**

# HIITトレーニング体験レポート

運動することに慣れてきて
“効いてる”を感じたいッ…!
もっと息が上がる感じの運動したいな〜
と思うようになりました。
だからといって長時間やるのはやる気失せるし
いろんな運動を毎日探すのもだるいな……
う〜ん…
Youtubeで検索してみる…
そんなとき出合ったのが
HIITトレーニング?
HIITトレーニングを簡単に説明すると
20秒のトレーニング
10秒休む
20秒トレーニング
10秒休む
20〜40秒全力で高い強度のトレーニングを行い10秒休む……を繰り返すトレーニングのことです。
……

これだ…！
私の求めていた「短時間で息が上がるトレーニング」がHIITでした。
HIITトレーニングかかってこい♪
最近鍛えてるから自信あるぞ〜（フラグ）
とりあえず出てきた動画を試しにやってみることに。
この10分は全力で
うっしゃ〜！
まずはスクワット！
えっ
もう次!?
ジャンピングジャックス
バーピージャンプ
ハアッ
ハアッ
お疲れさまでしたー
おつかれ
ハアッ
ハアッ
世界で一番キツイ10分ッ
こんなキツイトレーニングが自宅でできるんだ…知らなかった……ナメてた……けど正直これは……

今までで一番
ハァ〜…
ハァ〜…
力がはいらなくてペットボトルがあかない
水
"効いている"と感じるッ
短時間の中で足、おしり、腕、腹筋……全身を鍛えられている実感が持てました。
HIT
HIT
HIT
なんせ「20〜40秒」なのでギリギリ限界までできなそうでできるのがよい。
とくにジャンプをする系
てやーッ
そっとおりるようにしていた
マンションなのであまりできませんがものすごいスピードで体力を奪われます。
私は過去、ジムでバチバチにしごかれた経験がありますが
ムリですッもうムリムリムリ
5かい
しりさんいけるよあと5回!
それを彷彿とさせるキツさがありました。
これを……求めてたぜエ……
ニタァ…

そして
HIITを
取り入れた結果
え!!
減っている!?
ピピッ
今まであまり
変化が見えなかった
体重が
動き出しました。
体感としては
有酸素したら
体重がギュンッと変わってきた～ッ
筋トレしたら
スカートがゆるくなった!!
体形が変わるのが筋トレ
体重が変わるのが有酸素運動。
どっちもやれば効果が出やすい。
無理のない運動習慣もつき
準備の時間短縮や
体重・体形の変化も感じられ
ここまできたらもう
わく　わく
明日の変化した私が
楽しみだ……!!
――と、変化する自分を楽しみに
ダイエットができるようになりました。

# むっちゃキツイけど効く！「HIIT」でしごかれてみた

「Nike Training Club」アプリや、エアロバイクでだいぶ運動に慣れてきたので、別の運動をしてみたいと思ったときに、YouTubeで「ＨＩＩＴトレーニング」というものを見つけました。

ＨＩＩＴ（ヒット、またはヒート）というのは、High-intensity interval training（高強度インターバルトレーニング）の略称で、高強度・短時間の運動を休憩を挟みつつ行うトレーニング方法です。心肺機能の向上や、脂肪の燃焼が期待できるとされています。

YouTubeで「ＨＩＩＴトレーニング」と書かれた動画をいろいろと試してみたところ、私は「みおの女子トレ部」さんの動画が一番苦しく、効いている！と感じました。

みおさんのＨＩＩＴは、40秒全力で運動し10秒休憩するというものです。40秒という長さがギリギリクリアできる秒数、10秒の休憩はギリギリ次に行ける秒数だと思います。みおさんに煽られたい人はぜひ一度試してみてほしいです。

最初はできなかった運動も、3日後にはできるようになったり、回数を増やすことができました。そしてとんでもない勢いで汗が出て、疲れます。それはもう本当に。もう無理です！まだやるんですか⁉と、ひとりで叫びながらやっていました。

なにより、みおさんの動画は「2回で１２００kcal消費」など、具体的な数値が書かれているのが良かったです。実際にカロリーを消費できているのかはわかりませんが、健康管理アプリの運動記録にそのままの数字を入力できるのが楽でありがたかったです。ズボラなので、考えなくていいことはどんどん減らしていきました。

## この時期に行っていた YouTubeのHIIT動画

### みおの女子トレ部

【15日で-6kg】2回で1200カロリー消費する脂肪燃焼 鬼ヒート:1200kcal FAT BURNING
（鬼ヒートシリーズ全般を行いました）

### Marina Takewaki

【地獄の4分】マンションOK! 飛ばないHIITトレーニングで全身の脂肪をごっそり燃やす! 短時間の脂肪燃焼筋トレでダイエット! 家で一緒にやってみよう

### のがちゃんねる/nogachannel

【地獄の8分】痩せすぎ注意の超ガチHIIT! アフターバーンで1000kcal消費

【4分だけ】マンションでも! 有酸素より効率よく脂肪を落とそう（HIIT）

サムネイル画像は「みおの女子トレ部」「Marina Takewaki」「のがちゃんねる/nogachannel」各YouTubeチャンネルより

「Marina Takewaki」さんの動画は、ダンスもよく行いました。「つらいときは、いっしょにハイタッチしよう」と画面の向こうの竹脇さんが手を差し出してくれるので、画面にハイタッチをして楽しく運動ができました。その動画に入り込み、人目を気にせず、自分に酔ってみるのもオススメです。運動しているときは開放的になり、いつもの自分より自由に楽しんでみる……それができるのも宅トレの魅力なのです。楽しく運動したい！という方は竹脇さんの太陽のような明るさに照らされてみてください。

ほかにも、「のがちゃんねる」さんの動画はＨＩＩＴ動画だけではなく、腹筋や有酸素などのメニューもたくさんお世話になりました。１回の分数は少ないのに、どれもじわじわときつい運動ばかりだったので、気合が入りました。のがさんの動画のよさはやはり、「女性らしい体づくり」だと思います。丸いおしり、キレイな腹筋、スッキリした背中、美しい情景に落ち着いたのがさんの声。運動の苦しさもありますが、動画を見るだけでも「私……エエ女になってる……」と心まで磨かれていくようでした。まさに「自分を大切にしている時間」を感じることができるのです。

運動内容も、動画のテンションもまったく違う、さまざまなトレーナーさんがいらっしゃるので、自分に合った方を探すのも「自分の師匠と出会う」感が楽しめます。その日の服をコーディネートするようにさまざまな動画を選び挑戦できるのも、YouTubeならではのよさだと思います。

ＨＩＩＴを取り入れ、食生活も工夫し、１ヶ月間で５kgの減量に成功しました。

## 運動を始めてから4〜5ヶ月の変化

81kg → 76kg

### ここがポイント

より効き目のある運動を追求

気分や体調で運動内容を柔軟に調整

1ヶ月間で合計5kgの減量に成功

専門家に聞きました❸

# 人生をより豊かにする 習慣化のススメ

「のがちゃんねる」YouTuber

## のがさん

YouTube:https://www.youtube.com/@noga/
インスタ:@nogachannel

1994年生まれ。フィットネス系YouTuberとして、短時間で効率の良いトレーニング方法を多数配信する。『のがちゃんねる 鬼やせWorkout』（宝島社）ほか著書多数。

**―のがさんは、トレーニングやストレッチの動画を多数配信されていて、チャンネル登録者数は2023年7月現在で約120万人と多くの方から支持を集めていますね。**

**のがさん**　もともと、ダイエットとは違うコンテンツを配信していたのですが、トレーニング動画を配信したところバズったため、そこからトレーニング動画がメインになりました。ダイエットは以前よりしていましたが、痩せてもリバウンドを繰り返していたんです。

**―飽きちゃったりとか、最初から頑張りすぎちゃったりとかですか？**

**のがさん**　いつも1時間、2時間とかすごい追い込んでやっても結局続かなくてリバウンドしちゃうんです。あとは食事をすごい制限するとか。体重減を目標にしていたので、結果が出るとある程度満足しちゃったりも。でも、YouTubeで腹筋を毎日2分間、1週間チャレンジを行って、痩せることじゃなくて続けることにフォーカスするようになったんです。

**しりでっどマン**　のがさんの動画は、8分のHIITやおしりのトレーニングをよくやっていました。HIITは結構きついんですけど、マジでギリできる。おしりのトレーニングは友人と通話しながらハァハァやりました。

**のがさん**　HIITトレーニングについては短い時間で筋トレも有酸素運動も同時にできていいですよね。短い時間でできるメニューが好きだったので、取り入れました。

**――のがさんの動画は短時間でできるものが多いですよね。おすすめの取り入れ方や目安はありますか？**

**のがさん**　体力は個人差がありますし、人によるかとは思うのですが、「どんなに忙しくても、どんなに面倒くさくてもできる」くらいのレベルから始めることですね。続けていくなかで、メニューを増やすんです。私が動画で紹介している自重トレーニングは、毎日やっても大丈夫なので、まずは習慣化するところから。

**――なるほど、毎日続けてほしいからこその短時間トレーニング動画なんですね。**

**のがさん**　そうですね。さらに、組み合わせやすさも考えての短時間です。目的によっていくつかトレーニングをしてもらって、最後にストレッチで締めるのが理想だと思います。本当に運動が嫌いで、何もできなかったという人は、まずは毎日ストレッチを続けるところから始めてもいいと思います。

**しりでっどマン**　生理中はどういうトレーニングがいいとかはありますか？　気持ちの面とか食欲とかも、付き合い方が難しいなと。

**のがさん**　生理が重くてつらい人はお休みしていいと思いますが、体調に問題なければ続けたほうがいいかなと私は思います。それは効果というより継続の面で、毎日何かしら運動に触れているほうが継続化しやすいので。

**しりでっどマン**　なるほどー。

**のがさん**　暴食とかは難しいですよね。個人的な意見では、低カロリーや糖質オフ商品を食

## HIIT（高強度インターバルトレーニング）について

高強度・短時間の運動を休憩を挟みつつ行うトレーニング方法。たとえば「40秒スクワットを行い20秒の休憩」「40秒腕立て伏せを行い20秒の休憩」など、あらゆる運動と休憩を繰り返す。

運動の内容や時間について明確な規定はない。

もともとダイエット目的ではなく、心拍を強化するために作られたトレーニングである。

心拍数を短時間で上げて下げることが大事になるため、全力でやらないとあまり効果が期待できない。動けなくなるくらい、しっかりと全力で行うこと。

HIITの中でも「タバタ式トレーニング」はトレーニング20秒、休憩10秒を4種目2周繰り返すもの。

べるよりは、本当に食べたいパフェを食べに行くほうが、気持ち的にも満足できますね。

**しりでっどマン**　食欲以外のところも満たされますよね。

**のがさん**　罪悪感はよくないと思っていて。何かしら守れなかったときに自分を責めると、責めたことによって気持ちが清算されちゃうんです。それで満足して、自分を責めればより厳しくなれると思いきや、穴埋めできてしまう。なので、ルール自体を軽くするのが一番いいかなと思います。自分の意思に期待しすぎない。「本当はできるはずなのに」っていう幻想を捨てて、「今の自分は暴食してしまう」「サボってしまう」と受け入れる。

**しりでっどマン**　めちゃくちゃ刺さります。ダイエットをやっている人たちが一番にぶち当たる壁ってそういうところだと思うんです。「今回のダイエットで最後にするぞ」と思っては、何度も何度も〝最後〟を繰り返すみたいな。私も今回ダイエットしてみて、自分に期待せずっていうほうが合ってるかもしれないと思いました。逆にそれで自信を持てるというか……。

**のがさん**　そうです。自分に甘いことは全然いいことだと思っています。ただ、決めた約束を破るクセを作るのは、よくないと思います。なので、必ず守れる約束をして、それは絶対に守る。痩せたい気持ちは自分の否定から始まっていることが多いので、自分に否定的な気持ちになるのは多少仕方ないと思います。

**――「私はやる気が足りない」と否定的になるよりも、明日頑張ることが大事ですもんね。**

**のがさん**　自分よりルールを責めるじゃないですけど、「このルールだったから続けられなかった」みたいにルールを見直すことですね。体形を管理するとか、健康的な食事や運動の時間をとることは一生続くことだと思うので、毎回感情にエネルギーを持っていかれると、どう頑張っても続かないですよね。できるだけ気持ちをセーブして続けることです。

---

**――のがさんは、しりでっどマンさんのダイエットについてはどう思われましたか。**

**のがさん**　これだけ成果が出ているなら、本当にすごいとしか言いようがないです。私もYouTubeで発信したことで、運動が続いたというのもありますが、遠隔でも人と運動したり、人に報告するのは、ひとつ大事なモチベーションになっていると思いました。

**しりでっどマン**　ありがとうございます～！

**のがさん**　あと、運動を始めたばかりのとき、体重は変わらなかったけれど続けることができたのも、すごくよかったです。直近で変わる数字って、ほとんどが水分量だと思うので、水と塩を抜けば体重は減らすことはできるけど、そういう短期的なものに固執すると間違ったダイエットに流れていってしまいます。なので、体重よりも、続けることにフォーカスすることが大事で、それができていたと思います。今より健康的な食事を、運動をと続けると、あとから結果は必ずついてくるので。

## のがさんに教わる習慣化のコツ

**ものすごく些細なことから始める**

ふだん運動しない人がいきなり1時間の運動を始めるのはハードルが高い。「毎日5回腹筋を続ける」のような、頑張らなくても続けられるところから始める。「今日はあと5回やる」のようなオプションを足してもいいが、元のルールはぶらさずに続ける。

**習慣をたくさん並行しない**

簡単なことでも、まずは1個。せいぜい2個。必ず忘れずに集中してできることを行う。

**行うタイミングを決める**

「歯を磨く前に運動する」など、もともと毎日やっている習慣に紐づけて始める。のがさんの場合、お風呂を沸かすボタンを押すことが、運動スタートの合図。終わったらお風呂に入れるうえ、運動自体を忘れることもない。

**のがさんからしりでっどマンへ　おすすめの運動**

- **散歩やウインドウショッピング**（気軽に歩数を稼げる）
- **趣味のスポーツを見つける**（筋肉や体力づくりも、趣味のためだったら頑張れる）

---

**――食べものについてはどうですか。**

**のがさん**　水はいいですよね。私もよく飲むようにしています。水は０kcalなのに、代謝を促し、ダイエットに効果的なミネラルも含んでいます。「食事誘導性熱産生」といって、人は食事をするときにもエネルギーを消費するのですが、「食事誘導性熱産生」での消費カロリーはたんぱく質が一番高いので、たんぱく質をとることも、とてもいいと思います。

**――たんぱく質をとるだけで、カロリーを多く消費してくれるのはすごいですね。**

**のがさん**　そうなんです。あと、私はカロリーってそこまで信じていなくて。化学や物理の単位を食事にもってきたものなので、人の消化能力や、食べ物の材料によっても変わってきますよね。油のなかでも太りやすいものとそうでないものがあったり。カロリーだけで決めてしまうのは間違いのもとなんです。

**しりでっどマン**　え！　それは目からうろこですね。私も気をつけます。

**——今後はどう運動すればいいでしょうか？**

**のがさん**　今はブーストをかけて運動されていると思うので、そこから長く続けるために、自分の新しいスタイルを見つけていくことですね。忙しいとか、落ち込んでしまったとか多少の変化があっても、大きく揺らがないスタイルを確立できるといいと思います。

**しりでっどマン**　改めて、継続は大事だなと思いました。今回マンガを描いてみて「若いから痩せられたんじゃないの？」って反応もあったんですけど、なめんなよみたいな気持ちになって（笑）。継続できない人とか、やっていない人って、「若いからだよ」とか言い訳を見つけるのが上手だなって思うんです。

**のがさん**　やらなきゃいけない理由はごまんとあるなか、やる理由をどう見つけるかですね。50代の人に比べたら30代は多少痩せやすいことはあるかもしれないけど、継続は50代でも30代でもできることなので、それをやるかやらないかは別の話だと思います。

**しりでっどマン**　習慣は人生そのものですね。

**のがさん**　習慣って脳をだますことなので、無理に変えると体が戻ろうとするんです。だから、すごい些細なことから始める。毎日5回の腹筋くらいなら、どんなに時間がなくても続けられるじゃないですか。面倒でも一度始めれば意外とできちゃう。「もっとやらなきゃ」って思うのは、自分をだませていないです。本当に5回だけって思って続けることは、財産レベルで習慣に変わっていきますよ。

## アドバイスまとめ

**短時間でできるトレーニング動画は続けやすい**

**友人と運動を共有しつつ、続けることにフォーカスできたのが成功の秘訣**

**継続は財産。簡単なことでも積み重ねることで自分が変わる**

第2章

# 食生活と自炊の話を聞いてくれ

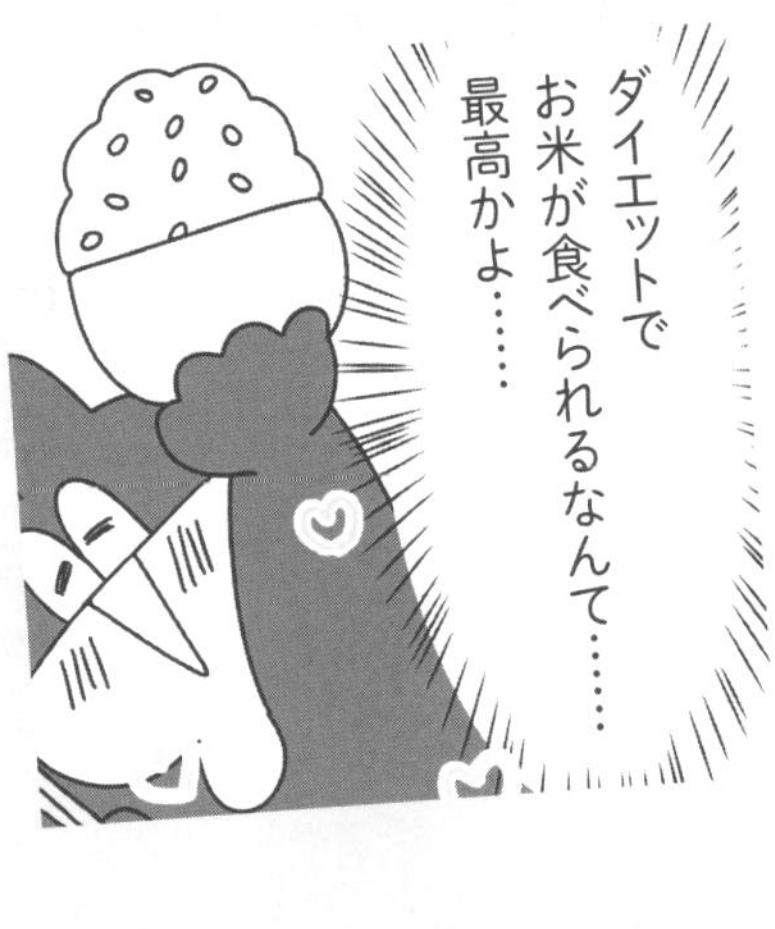
ダイエットで
お米が食べられるなんて……
最高かよ……

# しりでっどマンの食生活

もしも
「ダイエットってまず
何をしたらいいかな？」
と聞かれたら
水を飲め
1ℓでも
2ℓでも良いッ!!
いや500mℓ
からでも良いッ!!
と言います。
水をたくさん
のみましょう！
いろんな人が
言ってる
イメージが
ある…
ものすごく単純だし
そんなことを……ナゼ？
と思う人が多いかも
しれませんが
マジで
良いのよ!!
わざわざ大ゴマに
するほど良いのです。
たくさん飲むのが大変
という方は1日1Lから
でも意識して飲むのを
おすすめします。
うぷ…
最初は
だれでも
キツイのです
たぽん
たぽん
水 2ℓ
もしかして
お腹が空いて
いたというより
のどが渇いて
いた……？
ごくごく
水をいっぱい飲むと
お腹も膨れるし食欲の
暴走も抑えられる
感じがしました。
わーい新作だ！
あま〜い
NEW
カフェオレ
ぱんぱかぱ〜ん！
いや
水2L
飲まなきゃ
なのに……
棚に戻す。
毎日甘いカフェオレを
飲む習慣がありましたが
ほかのものを飲んでいる
場合ではなくなるのです。

そしてなにより飲み始めて6日目……
うれしー♡
なんか肌がキレイになったかも……？
おは～
飲み始めて1週間
え
ええー!?
カッ!!
肌がキレイすぎて顔がピカピカに輝いていました。
あのときの衝撃は忘れられません。
体の変化に気づくことはダイエットの中でもモチベーションに変わります。
もともと肌トラブルなどはなかったのですが、
そんな私でもさらに肌の高みを見ました（?）
化粧ノリもぜ～んぜんちがうよ～っ
肌がキレイなのは本当にうれしい～♡
私は当時接客業で「1人接客したら水を飲みに行く」という自分ルールを作っていました。
ありがとうございました～
水
シュ
バッ
飲んできます！
水を飲むのってついつい忘れがちですが自分のルーティンを作るのも健康への第一歩だと思います。

そして私がおもに何を食べていたかというと
鶏ハムとブロッコリーともち麦ごはんです！
大容量だしレンチンでカンタン!!!
ブロッコリー
クレイジーソルト
クレイジーソルトをかけて食べてました!!
ブロッコリーは冷凍のもの
鶏ハムは休みの日に一気に2～3日分仕込みました。
4マイいっきにつくるぜーーッ!!!
皮は泣く泣くはぐぜ…
パサパサぜんぜんしてないし
今までのトリハムとまったくちがうやわらかさ…！
柔軟剤入ってる？？
(?)
しおこうじ
ちなみに鶏ハムは塩こうじを入れて調理するとやわらかくなってめーちゃんこおいしいのでぜひお試しください！
そして主食ですが……もちろん話題になっている「オートミール」も試しました！
これがオートミールです！
職場にも持っていきました
トリのエサ…？
しかし1食につき「30g」ふやかしても100gほどで
豆乳にひたして甘くして食べました
ハチミツかけちゃうぞ～っ
ハチミツ
どうしてもお腹が空く～!!!
ぐぅぅぅぅぅぅぅ
仕事中にお腹がぐーぐーなってしまいやっぱり私は米が食べたい……ともち麦を取り入れることにしました。

もち麦は私に不足しがちな食物繊維を摂取できました。
わかりやすく小分けになってるものもある!
白米を炊くときにいっしょに入れるだけでできます。
プラス100mlのお水と白米を一緒に炊く
ダイエットでお米が食べられるなんて……最高かよ……
お米最高! お米最高! お米最高!
そう。お米が食べられるのです。
ダイエット=炭水化物をとらないと思っていましたが、
今日から主食はキャベツだ!
よろしくな!!
やっぱりお米がないと力が出ない……顔のぬれたアンパンマンだよ私は……
私はマジでお米をしっかり食べていました。
いっぱい食べちゃったけどトリハムとブロッコリーだしお米も食べて大満足♡
水
だから全然お腹が空いた〜という気持ちはなく(本当に全くなく)どんどん痩せることができました。
ほかにも野菜をモリモリぶち込んだ鍋や鮭やサバなどの魚もよく食べていました。
職場にてカルディのおいしい鍋の素会議が行われる図
オススメされたレモン鍋食べましたー! あれはヤバイッ
わいの
でしょー!?! 今日も買いに行こっ!? 買いだめするッ
私も行く!! 火鍋もおいしかったよ〜ッ
わいの
凝った料理は面倒で茹でる! 焼く! レンジでチン! しかしませんでした。

突然ですがダイエットって節約にもなるんです。
コンビニで昼ごはん1食800円……ときどき1000円
パスタにのみものデザートも…
ダイエット前
カフェ
クリーム
ダイエット中
とりむね肉は安めだし多いしたすかる〜〜ッ!!
加工されたものを買わなくなるので野菜や鶏むね肉ばかり購入していた私は
ちょっと浮いたお金でハーゲンダッツ様を食べていました。
ハーゲンダッツだ〜い好き期間限定商品は絶対食べる…それが私の
"律する小指の鎖《ジャッジメントチェーン》"!!
ダッツ
アイスにも種類があるのは知っていますか?アイスミルク、ラクトアイスなどいろいろあるのですが
ラクトアイス
アイスクリーム
「アイスクリーム」と書かれたものは食べてよし!と思って購入していました。
ほかにはヨーグルトやプロテインバーなんかもよく食べていました。
ヨーグルトもおいしい!
ホイコス
タンパクト
チーズケーキみたい!!
プロテインバーは色々食べたけど
プロテイン
一本満足バーのプロテインバー一択ッ
が、やっぱり大好きなアイスも食べたい!ので運動したごほうびとか今日仕事行ったごほうびとか今日生きてたごほうびとかとにかくハーゲンダッツ様で心も体も満たせました。

ここまでいろいろ
描いてきて思ったんですが
これは真理
健康やダイエットに
重要なことって
「コンビニに行かない」
ことかもしれない……
コンビニに行くと
ちょこちょこ
いろんなものを
買いがちになって
ポテチ
おいしいのりしお
新発
ポテチ
おいしいバター
こんな味
でてたんだーっ
ちょっとくらい
いいよね〜
自分も知らない
うちにどんどん
カロリーを摂取して
いるんだ……
と気づきました。
スーパーで
肉と
野菜
まとめて
買って
まとめて
仕込むぞ〜〜
あと
スーパーの方が
ダンツも安い…
とりむね
私も実際ダイエットを
始めてコンビニに行く
回数が減りました。
だって用事がないから！
職場から自宅までの
あいだのコンビニはすべて
ダンジョンだと思って
「スルーできたら勝ち」
と意識するのも大事だ
と思います。
コンビニ
期間限定
コラボ
え〜〜
コンビニ
スルーできれば
WIN.

とはいえ!
いや食べたくなるよ
いろんなものが!
ぐぬぬっ…!
♡♡@東1395
スターバックス
月見バーガー
チケット 入金忘れるな
これは概念
月見バーガー
マックの期間限定も
ミスドの期間限定も
国民の義務か? ってくらい
みんな食べてるし
そりゃ食べたいよ~!
と思います。
そんなときは我慢……
ぐっ…
今年の月見は
今年しか食べられねえぜ!!!!!
月見バーガー
せず食べましょう!
食べたみんなで
おいしかったねーという
話だって楽しくしましょう
そしてもうひとつ
「誰かといっしょにいるときは
我慢せずに食べる」
ということも大切にしていました。
カロリー
抑えられる
食事にする?
↑気をつかって
くれている
いやカロリー
とろう!!
今こそ
とろう!!
待ってたぜェ!!
この瞬間《とき》をよォ!!
我慢してストレスを
ためるくらいなら
食べてからまた頑張ろう!
という気持ちの
エネルギーに
変えることが
大事だと
思います。
気持ちも心も満たす
食事の時間はたとえ1日で
10kg太ったとしても
絶対に譲れない、かけがえのない
時間なんです(もちろん1日で
10kgなんて太りません)。

もしも我慢できずに爆食してしまった場合でもこう思ってください
いっぱい食べる時は全力で幸せだけを感じよう!
私は代謝を上げるためにたくさん食べたんだわ
えらすぎ
と。
ぶるんッ
どうしても食事制限をすると代謝は下がってしまいますが
あれ!?
1418
実際食べてない時低かった代謝の数値がいっぱい食べた日に上がっている…!
逆にたくさん食べれば代謝が上がります。それができた自分……やるじゃん。と思えばいいんです。
頑張っている自分をほめてあげるのもダイエットに必要な要素だと思います。
GYU…
1日8時間働いてダイエットまでして、家事したり趣味したり……え、えらすぎ!
自分をハグしてあげちゃうもんね
自分に厳しくしすぎないでくださいね。ダイエットに大切なのはいかに継続できるか。上手にダイエット君と付き合っていきましょ。

# マジで良いので 水は2L飲んでほしい

食生活を改善するにあたり、まず水を1日2L飲むことにしました。YouTubeでどのダイエット動画を見ても、みんな口を揃えて「水を飲む」と言っていたので、なんかわからんけど水、飲むか……と始めてみました。驚いたことに、2Lのペットボトルより1Lのペットボトルのほうが高い！ そんなことある!?と思いながら、職場の隣のコンビニで買った2Lのペットボトルを担いで毎日出勤しました。普通に大変。飲むときもそのままガブガブ。山賊の宴気分で飲んでいました。

最初は慣れなくてキツかったです。とにかくトイレの回数がやばい。夜中に何度も起きました。マジでみんなこんなに飲んでるの!? 飲んでどうなるの!?と、わけもわからず。けれど、「健康に近づけているんだ」と思いながら飲み続けました。そして気づけば水を飲むことが大変で、毎日飲んでいた甘いものは飲まなくなりました。

飲み始めて6日目、なんとな～く肌がキレイになった気がしました。もしかして水パワー!? とウキウキ。そして7日目。朝起きて鏡を見ると、顔がピッカピカに輝いていて、驚きのあまり私は後ろに吹っ飛び、ブラジルまで行ってサンバを踊って帰ってきました（想像の世界）。あの衝撃は忘れられません。人ってスゴい、水ってスゴい！

ダイエットをしていない人にも水は本当にオススメです。むくんでしまうから飲まない、って言っている人には、逆ですよ！と言いたいです。水が不足していると、体内の少ない水でやりくりするために水を溜め込んでむくんでしまうと聞きました。便秘気味の人も代謝を上げたい人も、水、飲むべし。

そんな感じで私が水の良さを叫び暴れ回っていたら、2Lの水を飲む私を笑っていた職場の人たちも2Lの水を持ってくるようになり、みんなで山賊の宴をしました。

白湯も、ダイエットをしている人がみんな飲んでいました。なんかわからんけど白湯飲むか……と、レモン汁をちょびっと入れた「レモン白湯」を毎朝飲んでいました。

レモン白湯を飲むと、なんだか体がポカポカします。そしてお腹……腸が動くのがわかりました。ギュルル……と猫でも飼ってる？　みたいな音がするのです。そこから職場へ向かい、到着する頃にはめちゃくちゃウンコしたくなるのです。

お食事中にこれを読んでいる方には申し訳ないのですが、ダイエットにとってやっぱりウンコ出る出ない問題って結構大切だと思うんです。私は腸の動きが活発なほうで効きやすかったのかもしれませんが、本当に腸の動きが変わるのがわかりました。

私はレモン汁を入れて飲んでいましたが、酸は歯のエナメル質を溶かす恐れもあるそうです。飲みすぎには気をつけましょう。普通の白湯でも効果がありますので、胃腸の弱い人やレモン汁が苦手な人は白湯にしてみてください。

毎日水を2L飲むことも、朝に白湯を飲むことも、簡単にできる習慣なのでやってみない手はないと思います。今これを読みながら、とりあえずコップ1杯の水を飲んでみるのはどうでしょう？　習慣化が難しいと思う人には、Amazonなどで購入できるウォーターボトルがオススメです。目盛りとしてAM／PMそれぞれの時間が書かれており、それを目安に水分補給していくと、無理なく水を飲むことができます。

# 食事づくりも楽でいい
# 満足できるし続いてます

私の場合、自宅での食事はいつも同じメニューに固定していました。いつも同じで飽きないの？と聞かれましたが、いろいろなものを作るほうが面倒だと感じていました。野菜をたくさん買ってもダメにしてしまうし、食材を切って、使った器具を洗って……と、これから運動するのに、それ以外も頑張るのは面倒だと思っていました。「これを食べりゃ痩せるぜ」と言われるものを食べるほうがストレスが少ない。鍋も食材を入れて煮込めばできるので簡単。ダイエットはいかに楽するかは食事にもでました。

ダイエットについて調べたことがある方ならばおなじみの「鶏ハム」と「ブロッコリー」も、マッチョなYouTuberさんが「これを食べておけば痩せる！」と言っていたので、私も取り入れました。鶏ハムは休みの日に一気に仕込んでおき、ブロッコリーは冷凍のものを使用。そこにクレイジーソルトをかけて食べるのがお気に入りです。

そんな食生活でも譲れないポイントはずばり、米です。お米大好きな私なので、ごはんを別のものに置き換えるダイエットは続きませんでした。オートミールでは量が物足りなかったので（レモン白湯を飲んでもやってきた便秘には効果がありましたが！）、もち麦に方向転換したところ、これが私にぴったりでした。炭水化物を減らすのではなくしっかり食べることで、お腹が空くこともなく、さらに痩せることもできました。

もち麦は、白米を炊くときにいっしょに入れるだけの手軽さも最高です。スープに入れてもプチプチという食感がクセになり、「ダイエットのために摂取している」というより「好きで食べている」という感覚でした。

## しりでっどマンがよく食べているもの

もち麦（白米）

卵

納豆

鶏ハム

ブロッコリー

鍋（豆腐、きのこ、野菜などたっぷり）

魚（鮭やサバ缶）

全粒粉パスタ

ブラン入りパン

高たんぱくヨーグルト（デザートに）

## 面倒でも作れる！レンチンずぼらレシピ

### もち麦ドリア

小さく切った鶏ハム、もち麦ごはん、ブロッコリー、チーズ、マヨネーズを順に乗せてレンジで加熱する。余力があればトースターでこんがり焼くと見た目も味も超満足。キムチを入れてもおいしい！

### どうしてもなにか食べたい夜食湯豆腐

器に豆腐150g（3連パック）を汁ごと入れ、豆腐の半分くらいの高さまで水を注ぐ。白だし大さじ2としょうがチューブ1cmを入れてレンジで2分加熱する。スープを欲しているときお腹が温まって気持ちも落ち着きます。

# 甘いものも外食も我慢しないで楽しむ

私は甘いものが大好きです。とくにアイスは毎日食べたいくらいです。毎日は厳しくても、どうしても食べたいときは、ハーゲンダッツをごほうびで食べました！アイスはパッケージ裏を見て、種類別分類が「ラクトアイス」と表記されているものは避け、「アイスクリーム」と表記されているものなら、ときどき食べてOKというルールを設けました。余談ですが、部屋の掃除が面倒なときにもアイスをごほうびにします。部屋がキレイになり、体を動かしてカロリーも消費でき、罪悪感なく食べられます。

ほかに甘いものが食べたいときは、「オイコス」や「タンパクト」という高たんぱく低脂質のヨーグルトを食べました。あとはプロテインバー。一番好きなのは「1本満足バー」のシリアルチョコ。プロテインバーをいろいろ食べてきましたが、味がダントツで好きでした。ザクザクとした食感を味わいたいッ！というときにも最適です。

食事制限をしていると、いろんなものが食べたくなってきます。マックやケンタッキー、ミスドなどのファストフードも、食べたくなったときは我慢するのではなく、食べていました。我慢していたぶん、食べたい気持ちは高まりオーラとなって体から放出されていたと思います。誰にも私を止められない……。

そしてもうひとつ、「誰かと一緒にいるときは我慢せずに食べる」ということも、大切にしていました。ダイエットをしていることを気遣ってくれる友人もいましたが、人との食事は気持ちも心も満たすかけがえのない時間。「痩せる」より「健康になる」を目指していた私にとっては、心も体も健康が一番。我慢せず楽しみました。

# しりでっどマン流
# 食生活ルール

いっぱい食べる時は
全力で幸せだけを
感じよう!

## 誰かと食事へ行くときはなんでも食べてOK

みんなと同じものが食べたいけど我慢……する必要はありません。たくさん食べれば代謝が上がるので「代謝上げてえらい!」と思うことにします。それより、その時間を楽しんで! なんのためのダイエットか考えて、幸せな空間を味わおう。

## ファストフードも食べたいときは食べる

今年の月見バーガーは今年しか食べられない! 話題の期間限定商品はみんな食べているし、食べたくなったら食べちゃいましょう。たとえばポテトを我慢できるならしてみよう。私は食べます。

## アイスは、種類別名称が「アイスクリーム」のものなら時々食べてOK

好きな食べ物はごほうびに、高くてとっておきのいいものを用意。カロリー計算してまだ余裕があるときにおいしくいただきます。「わたくしアイスはハーゲンダッツしかいただきませんの!」とお嬢様気分も味わえます。

専門家に聞きました❹

# 極端な食事制限にNO!<br>「痩せたきゃ食べる」ダイエット

「痩せ方の学校」YouTuber、インストラクター

## 鈴木達也さん

YouTube:https://www.youtube.com/@TRY-ANGLE/
インスタ:@yasekatanogakko

愛知県瀬戸市にて骨盤矯正サロンとダイエットスクール「痩せ方の学校TRY-ANGLE」を運営。オンラインでも指導を行っている。自身も摂食障害に悩み、克服した経験から、「痩せたきゃ食べる」をスローガンに、YouTubeやSNSにてダイエットを楽しむための情報を発信している。

**——鈴木さんは、ダイエットスクールおよびYouTubeチャンネル「痩せ方の学校」を運営されていますね。**

**鈴木さん**　私はもともと、接骨院で働いていたのですが、産後の骨盤矯正で来店される方が多い店でした。旦那さんの愚痴を聞いたり、女性の悩みと向き合うなかで、産後に自分の時間がない女性をサポートしたいという思いになり、子どもも連れていけるような骨盤矯正とフィットネスのお店を立ち上げました。

**——いろいろなことをされているんですね。**

**鈴木さん**　ダイエットが専門というわけではなく、いろいろやっています。目的は全部一緒で、女性の笑顔を増やすことで、社会問題の解決につなげていきたいんです。

**しりでっどマン**　鈴木さんの動画は精神的な道しるべでした。体重が動かなかったり、食べたい欲が出てきたとき、ひとりで戦っているんじゃないよと、背中を押してくれました。

**鈴木さん**　それは嬉しい限りです。

**しりでっどマン**　大会を目指しているマッチョな人とか、すごく細いきれいな人とか、知識があるYouTuberさんはたくさんいますけど、そうじゃないところで支えてくれるって人はいなかったので。ダイエットって知識だけじゃない、もっと大きな精神的なものも大事なんだってことに気づきました。

**鈴木さん**　私は自称「寄り添い系YouTuber」だと思っているんですけど、最初は厳しくしていたんですよ。「あれがダメ」「これがダメ」って言っていました。でも、言われた側は何が楽しいんだろうって、全部トレーナーに依存させているだけだと思ったんです。指示待ち人間になっちゃうんです。仕事と同じで、自分で判断ができなくなってしまう。だから、私のコンセプトは「鈴木がいらないダイエット指導」なんです。

**しりでっどマン**　あははははは！

**鈴木さん**　だから、みなさんにはまず「私がいらないと気づけるようになってください」と伝えます。何を食べたと報告されてもまずはほめます。食べるダイエットをすすめているのも、リバウンドや摂食障害など、極端な食事制限のネガティブな要素に気づいたからです。しりでっどマンさんはファスティングを経験されていますよね。

**しりでっどマン**　私の場合、食欲が止まらなくなってしまったのでやめました。

**鈴木さん**　そこで気づけたのはめちゃくちゃ良かったと思うんです。それに気づけなくて突っ走っちゃう人も多いんです。正しくないと思ったら方法は変えていくべき。それを自然にできていたのがすごいです。

**――鈴木さんの動画は、「痩せたきゃ食べる」という言葉がスローガンですもんね。**

**鈴木さん**　食べないと代謝が落ちる。すると、結局リバウンドするダイエット方法になっちゃいます。ほとんどのダイエットトレーナーは、減量期は食べる量を減らして、維持期は元に戻すように指導します。その方法だ

と、減量期より維持期のほうが食べる量が増えますよね。私は、減量期も維持期も同じ行動をしなければならないと思います。だから食べる量を増やして減量期を過ごしてもらい、維持期で普通の食事に戻す指導をしています。

**しりでっどマン**　へえ～！　すごい方法だ。

**鈴木さん**　食べているのに体重が増えない「頭打ち」の時期を経験してもらうんです。たとえば1500kcalしか消費できなかった体が、1800kcalを消費しようと頑張ってくれる。それを経験すると、食べても太らないって理解できます。さらに、食べたい欲求がなくなるくらいたくさん食べてもらっているので、もう食べたくないくらいからのスタートになるんです。

**――鬼トレーナーですね！**

**鈴木さん**　10kg増やしてくれる人もいますが、ほとんどの人が5kgで「もう限界です」って言いますね。そしたら、「2段階増量」といって、1回5kgから落ちるところまで落として、そしてまた増量してもらうようにしています。

**――ダイエッターにとって、たくさん食べて増やすことは怖いことですよね。**

**鈴木さん**　減量期は食べるだけじゃなく、筋トレで筋肉痛を思いっきり作って、筋肉を増やして代謝を上げるようにしています。筋肉って引き締まってくれるから、見た目がそんなに太ったように見えないんです。

**しりでっどマン**　痩せ方の学校に来て、まず太らすって本当にすごいですね（笑）。

**鈴木さん**　そこからは、本当に食べたいものを選んで食べてもらいます。すると、自然と健康的な食品を食べたくなるんです。

**しりでっどマン**　わかります！　私、コンビニのおにぎりでもしょっぱくて口に入れられないときがありました。前は好きで好きでそればかり食べていたのに。

**鈴木さん**　食べるべきものを、味覚が教えてくれるんですよ。外食で味が濃いくらいが正常な感覚かなと私は考えています。

食べ過ぎ防止に！

## 食欲とうまく付き合うテクニック

### 食べたくなる気持ちにはパターンがある

「栄養がほしいとき」「ストレスを解消したいとき」「過去の記憶」「手持ち無沙汰」などが考えられる。自分がなぜ食べたいのか考えると対処がしやすい。

### 3分間何かに集中してみる

人は、3分間ほかのことをすると欲求が消えるといわれている。食べたいと思ったら、趣味の時間やジョギング、スマホゲームなど、ほかのことに取り組んで忘れてみる。

### イフゼン（if-then）プランを決めておく

「ジャンクフードを食べたくなったら代わりにこれを食べる」など、もしもの対処法を決めておく。

### 締め飯、締めドリンクを用意しておく

「これを食べたら終わり」という食品を決めておくことで、食事の終わりを脳に知らせ、だらだらと食べ続けることを防ぐ。ドリンクは、「ご飯にはコーヒー」など、あえて合わない組み合わせがおすすめ。

---

**しりでっどマン**　太っていたときって、胃袋というより目が食べたがっているんです。体が変わってくると、「これ食べようと思っていたけど、お腹いっぱいだな」とか、選べるようになるんです。

**鈴木さん**　食べたくなる気持ちにはパターンがあるので、理解しておくといいと思います。よく、どの食材を食べたらいいかも聞かれるんですが、食べるものじゃなくて食べ方が重要なんです。動画では私が自らジャンクフードを食べる姿も配信していますし、なんでも食べていいことは伝わっていると思います。

**しりでっどマン**　鈴木さん、すごい食べっぷりですよね（笑）。食べてしまった罪悪感があって、カロミルにさえ嘘をつきたいときも、鈴木さんの食事姿を見て「大丈夫かもしれない」って気持ちになるんです。むしろ、食べることを楽しむために、今頑張れているのかもしれないって思えるんです。

# 食べて痩せるダイエットテクニック

### しっかり食べて体に楽をさせない！

1500kcal消費できる体が、1000kcalしか食べなかったら、体に楽をさせてしまうことになり「代謝を落としてもいいな」と判断させてしまう。もともと消費できていた能力すら失ってしまうので、しっかり食べることが大事。

### 2日連続で暴食はしないこと

脂肪細胞が増えるのには48時間かかる。2日間カロリーオーバーを続けないと、脂肪のもととなる細胞すら増えない。1日や2日で体重が増えたというのは、脂肪ではなくて水の重さ。なので、食べてもすぐには太らない!

### 鈴木さんの食べ方ルール

週に1度、好きなものを食べまくる「チートデー」を設ける。食べ過ぎている日は、完食せずに途中で蓋をして、食べるのをやめることもある。トータルのカロリーは腹7分目くらいを守り抜けるよう意識している。

---

**鈴木さん**　私の食事指導は激甘ですが、運動指導はかなり厳しくしていて、生徒さんは食事で台無しにはしたくないなと思うようです。まるで勉強しなくてもいいよって言われた子どもが、勉強したくなるみたいな感じです。

**しりでっどマン**　厳しくされればされるほど、すごい頑張れると思うから、終わったあとは気持ちいいんだろうなと思います。学校みたいに誰かと比べて一番を決めるとか、勝ち負けがあるとかそういうんじゃなくて、自分と戦うものだからこそ、筋トレっていいことだなと思えます。

**鈴木さん**　やっているのにやった感が残らないと人間って続かないんですよね。「きつかったのに快感」ってめちゃくちゃ大事な感覚で、自分の気持ちを優先できている、爽快感を味わえているのが成功の秘訣かなと思います。

**しりでっどマン**　「オタクだからこそ物事にのめり込める」みたいな特技も、あるのかもしれないです。

**鈴木さん**　物事を俯瞰して見る能力が高いですね。マンガを描かれていますし、発信者特有の特殊能力だと思います。これが結構重要で、分析して、トライ&エラーができる。偶然も必然も重なって、うまくいったんだなとマンガを読みながら思いました。

**しりでっどマン**　私、ダイエットを成功するためにオタクだったのかもしれない。

**──（笑）。鈴木さん、しりでっどマンさんに、今後のアドバイスをお願いします。**

**鈴木さん**　これから必要なのは、今の体重を体になじませることです。1ヶ月に体重の5％以上を落とした人って、すぐリバウンドしちゃうんですけど、5％以内にとどめられていましたね。これって偶然ですか？

**しりでっどマン**　自然とそうなりました。

**鈴木さん**　体は元の体重に戻ろうとするので、維持を挟むとリバウンドしにくいです。

**しりでっどマン**　なるほど、ドミノを倒れないように一個抜くみたいな作業だ。

**鈴木さん**　あとは、人の言葉ですよね。最初に受け取った言葉で始めた運動だと思うんですけど、相手の言葉の受け取り方次第で、急に摂食障害や味覚障害を発症する人もいます。ダイエットの方法が間違ったことよりも、メンタルが崩れたときにリバウンドすると思ってください。今後、ほめ言葉も嫌な言葉も受け取る可能性があるということをあらかじめ想定しておくことで、次の道筋が見えていきますよ。

### アドバイスまとめ

**ダイエット中も腹7分目くらいは食べて、代謝を上げることが大事**

**自分を俯瞰して見て、合わない方法は切り替えられたのが成功の秘訣**

**心を壊してしまわぬよう、人からの言葉をどう受け取るか想定しておく**

# 面倒くさがりな私の「カロミル」活用法

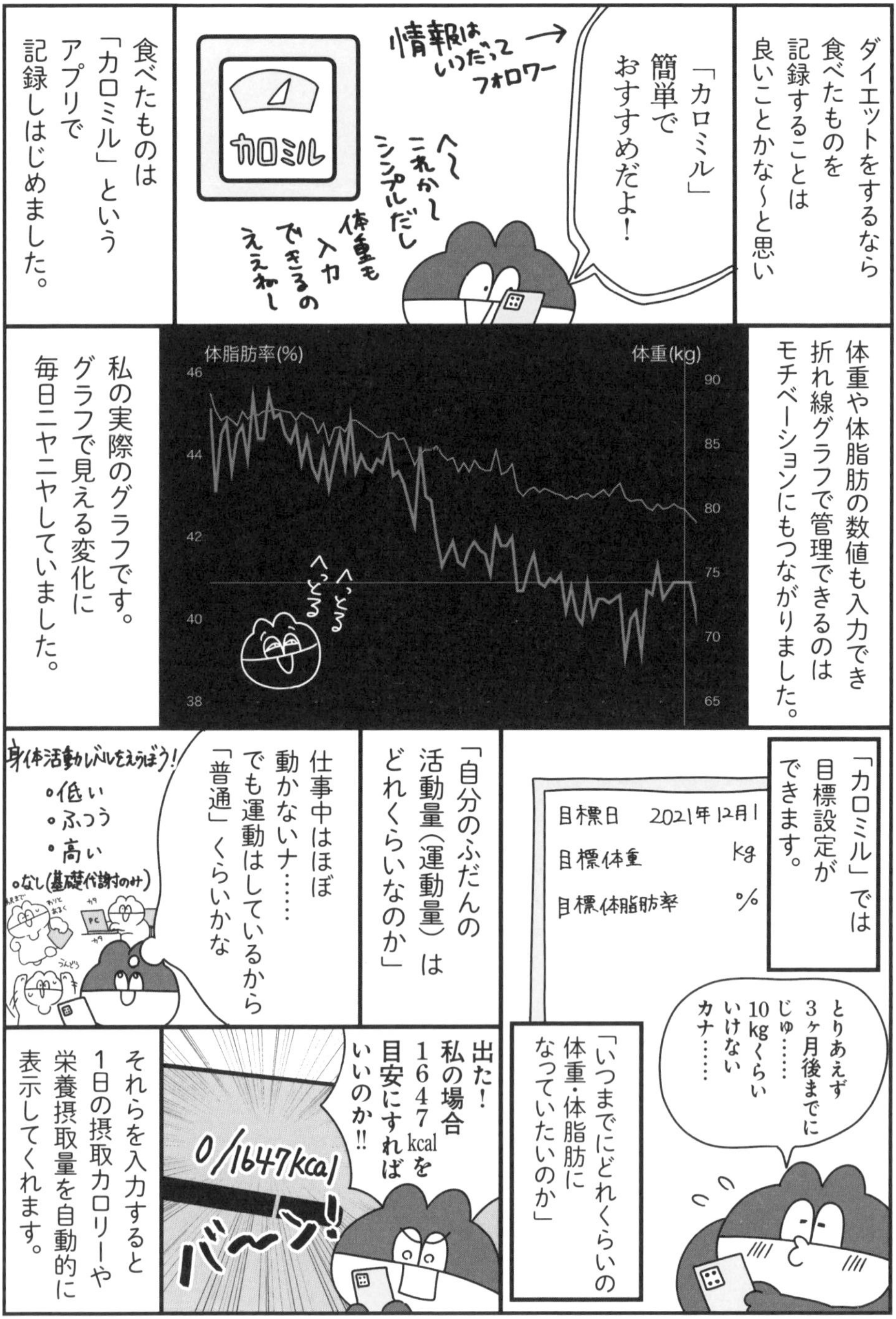

ダイエットをするなら食べたものを記録することは良いことかな〜と思い
情報はいつだってフォロワー →
「カロミル」簡単でおすすめだよ！
カロミル
へ〜 これかーし シンプルだし 体重も 入力 できるの ええねーし
食べたものは「カロミル」というアプリで記録しはじめました。
体重や体脂肪の数値も入力でき折れ線グラフで管理できるのはモチベーションにもつながりました。
体脂肪率(%)
体重(kg)
46
44
42
40
38
90
85
80
75
70
65
へっとる へっとる
私の実際のグラフです。グラフで見える変化に毎日ニヤニヤしていました。
「カロミル」では目標設定ができます。
目標日 2021年12月1
目標体重 kg
目標体脂肪率 %
「自分のふだんの活動量（運動量）はどれくらいなのか」
仕事中はほぼ動かないナ……でも運動はしているから「普通」くらいかな
身体活動レベルをえらぼう！
○低い
○ふつう
○高い
○なし（基礎代謝のみ）
とりあえず3ヶ月後までにじゅ……10kgくらいいけないカナ……
「いつまでにどれくらいの体重・体脂肪になっていたいのか」
出た！私の場合1647kcalを目安にすればいいのか!!
0/1647kcal
バ〜ン!
それらを入力すると1日の摂取カロリーや栄養摂取量を自動的に表示してくれます。

食べものの入力も簡単で
食べたものを検索すりゃだいたい出てくるな……
ザバス チョコレートで 検索…
ザバス
同じものを食べたら入力履歴からも探せて便利。
鶏もも肉1枚皮つきで食べたらどうなるかな～
とり皮 だ～～い好き
そしてなによりこれいいな……と思えた機能は
いつもは皮は取って まとめて 冷凍している
ぎゃーーー めっちゃ 赤っっ!!!!!
ギュンッ!
脂質
自分の設定以上の数値になるとグラフが緑↓赤に変わること。
やっぱり はいでおこう…
あぶね～! 食べる前に試しに入力してみてよかった……
ベリ
ベリ
食べたときのシミュレーションが食べる前にできるのです。
なんとなく これはいけそうとか これはヤバそうとか 事前に明確にわかるの 便利だな～…
お腹が空いていれば
ストッパーになるな～
ブロッコリー
納豆
残りの数値でいっぱい食べられる…… お蕎麦食べよう! 野菜も入れるぞ～
SOBA
RA~MEN
と、自分の摂取カロリーを先回りして考えられます。無理して食べない、過度な我慢をしなくていいダイエットになりました。

私はiPhoneを使用していますが
「ヘルスケア」という
アプリ（もともと入っている）を
連携させれば
ヘルスケア
歩いた歩数や…
生理日予測なんかもしてくれるアプリ！
その日歩いた歩数が
「1日の消費カロリー」に
追加され
休日のわたし
え!?
9歩!?
9歩 0kcal
せめてもう1歩あるけ〜ッ
運動による消費カロリーが
加わると、消費カロリーの
数値が大きくなります。
入力前
1日の消費カロリー 2,131 kcal
基礎代謝・身体活動レベル 2,131kcal
運動 0kcal
連携
増えてる!
入力後
1日の消費カロリー 3,113 kcal
基礎代謝・身体活動レベル 2,131kcal
運動 982kcal
連携
自分で入力したもの
ヘルスケアと連携したもの
エアロバイク 1時間20分 667kcal
[ヘルスケア]歩数 8582歩 315kcal
もちろんこちらも
だいたいの運動の消費カロリーが
すでに選択できるようになっています。
ポチ!
カテゴリー
ウォーキング/散歩
自転車
家事
ランニング/ジョギング
カテゴリーをさらに表示
エアロバイク
0時間50分
消費カロリー 417kcal
記録
エアロバイク50分で500kcalと入力!
自分でわかるようなら手入力することも可能。
「家事」や「入浴」なんかの選択肢もあるので
わっはっはーッ
今日は運動がてら掃除機かけまくるか!
部屋も私もキレイになっちゃうなんつって(笑)
なんて日も作りました。
たくさん運動して摂取できるカロリーに余裕を持たせて
このあとハーゲンダッツ食べるぞ!
そのために運動じゃーいッ
どーーん!!
ハーゲン
チョコチップ
と、運動をする意欲をかき立てることもできました。

そしてなにより「カロミル」はAIがすごい！
基本機能
グラフ
体重予測
お知らせ
しかし
体重予測
74.7kg
73.4kg
-1.3kg
現在
3ヶ月後
こんなにやってて3ヶ月後1kgしか減らない!?
なんとAIが3ヶ月後の体重を予想してくれます。
もちろん無料で使えるサービス！
燃えてきた勝ってやるよAIに(?)
ゴゴゴゴゴ…
AIの予想と争いながら(?)ダイエットの意欲を奮い立てました。
ですが、AIは記録すればするほど精度が上がっていきます。
ドキドキ
よしッ3ヶ月後結構減ってるじゃん私!!
ずっと入力しているとだんだん私のペースを把握してくれるようになり友情が芽生え(?)
良い点と悪い点を書いてくれている……ありがとうこれから一週間気をつけるわ
良かった点
1回あたりの運動消費カロリーが101kcal以上
悪かった点
〜〜〜
なるほど〜
ともにダイエットを頑張る仲間になってくれました。
ほかにも食べものを撮影すれば解析してくれる機能もあり
筋膜ローラー
にんじん（根・皮・生）100gあたり
チーズ（チェダー）1枚
セブンイレブン ア
かぼちゃ
時々トンチキ解析されて笑っちゃうの
わはは！
ちがうっちがうっ
「入力するの面倒くさ〜」と思うことを最小限に抑え知りたいことを教えてくれる
食に関する「知りたいデータ」は「カロミル」ひとつで管理できる！
それが「カロミル」だな……と思いました。
多分私の使い方はごく最低限カロミルレベル1だけどそれでも充分です。

あさ
実際食べていたものは
きゅうりのぬか漬け
焼鮭
納豆
もち麦ごはん
インスタントみそ汁
ひる
ブロッコリー(冷凍)
クレイジーソルトがけ
とりハム(塩こうじ漬け)
もち麦おにぎり(でっかい)
ヤクルト
よる
た〜〜〜っぷり
とうふ 野菜 きのこ
なべ
(レモンなべ、本当にオススメ)
こんな感じ。
ザ・日本食も大好きだし
サバ缶もよく食べてたし
最近はカロリーオフのカレールーもあるんです!
♪〜
SABA
カロリー50%OFF
ズゾゾ…
「糖質0」的なものは
あんまり好きになれず……
野菜はモリモリ食べてもカロリーを気にしなくていいやーと思っていたし、きのこ類は冷凍すると栄養価が高くなると聞いて必ずストックしていました。
キタッ!
ぐるぎゅるる〜
しっかり食べるからしっかりウンコも出ていました。
汚い話で申し訳ないですがやっぱりダイエットをすると便秘になってしまう方もたくさんいるんじゃないでしょうか?
私も過去あったよ…
便秘って本当つらいですよね〜…
「いるんだよな〜…」
確実に…
食物繊維、本当にとれていますか?
数値にすると意外ととれてなかったりするよ!
ビッ
一度でいいからどれくらい何を食べているのかなーと確認してみて!
炭水化物だって怖がらなくても自分が把握できていれば食べたって大丈夫なんです。しっかり食べてしっかり出して健康的に痩せましょう!

「自分が把握しているものを食べる」は
「把握できないものは食べない」
ということで
カロリーも脂質も糖質も
わからない キミたちとは
今夜一緒に
過ごせないよ…
ふる
ふる
コロッケ
あげたて
「入力したくても
わからないから食べるの
やめておくか……」
ともなるし
え!?
今日の献立だったら
お昼にマック食べても
大丈夫なのでは!
今年も
グラコロ
愛しのグラコロッ!!!
国民の義務の季節ッ!!
という
目安と安心感にも
つながりました。
ポテチ食いてえ!
アッ
とコンビニに入って
裏面の数値を見て
これを一瞬でたいらげていたの…?
カロリー
ガタ
ガタ
震えながら棚に戻す
行為を毎日のように
行っていました。
「あの人今日も
何も買っていかなかった」
って店員さんに
思われているかも……
あざしたー
毎日のようにやっていたので
入力するのが極限に
面倒なときは
入力するの
面倒だから
食べるの
やめておくか
ホワワ〜ン…
なんて思考も
出てきました。
人間て不思議!
…
食べものの
ことがわかる
とこんなにも
ダイエットと
向き合える
ようになる
んだな〜
食べるものを管理する
ことで自分の食欲も
管理できるように
なりました。
ありがとうカロミル…
精神の根っこから
ダイエットへの意識
が変わるのです。

# 面倒なカロリー計算が食欲にストップをかける

食生活を見直すと同時に、スマートフォンの健康管理アプリ「カロミル」を取り入れました。日々の体重や体脂肪率を記入すると、グラフで管理することができます。体重や体脂肪率の折れ線グラフがどんどん下がっていく様子は、まるで貯金残高が増えていく通帳を見ているような気持ちになります。毎日ニヤニヤ見ていました。日々の食事や運動内容も記録することで、自分が何をどれだけ食べているのか？運動でどのくらいカロリーを消費したのか？を知ることもできます。食べものはコンビニで売っている商品や、チェーン店のメニューなどもだいたい登録されていて便利です。

また、ＡＩが３ヶ月先の体重予想やアドバイスもしてくれるので、予想体重をこまめに確認しては喜んだり、気を引き締めたりしていました。

自分の摂取カロリーがしっかり数字で見えるようになると、本当に気持ちが変わります。今、必要でないものを食べないという選択ができるようになるのです。だいたいどれくらい食べているかわかっているという方も、１日でいいので数値で確認してみてほしいです。そう、クレジットカードで「こんなに請求が来ているのはおかしい！誰かに使われているかも！」と思って履歴を見てみると、「これ全部私が使っているわ」となる現象。あれと同じ「これ全部食べてるわ」になります。記録することにより「本当に食べたいもの」を自覚するようになります。

逆に、あまり食べないでいると、３ヶ月後の予想体重が今よりも増えていたりして、「無理な食事制限は体重を増やすんやで」とカロミルに言われているようでした。

# 健康管理アプリ「カロミル」とは？

ライフログテクノロジー株式会社が2016年にリリースした食事・運動・バイタル管理アプリ。カロリーだけでなく、糖質やたんぱく質、脂質、塩分、食物繊維の計算・記録もできるため、ダイエット目的ではなくとも、栄養バランスや運動での消費カロリーをみるなどの健康管理にも活用できる。

## カロミルのここがすごい！

### 写真から食べたものを自動解析

食べたものの写真や、体重計の写真を撮影しておくだけで、AIがスマートフォンのカメラロールから自動解析してくれます。

### 食べたものの栄養素がわかる

ダイエット中に知りたいカロリーやたんぱく質、糖質だけではなく、食物繊維量やビタミン・ミネラルなどの詳細な栄養素も表示されます。

### AIが体重予測をしてくれる

カロミル独自のAIが、食事記録、体重、体脂肪率、運動カロリーなどをもとに、3ヶ月後の体重を予測。良かった点や改善点もアドバイスしてくれます。

画像は「カロミル」ホームページ（https://www.calomeal.com/）より

カロミルを始めたことで、食事のバランスにも気を遣うようになり、毎日の食事は「ＰＦＣバランス」に沿って管理するようになりました。

ＰＦＣというのは、3大栄養素のたんぱく質（Ｐ）、脂質（Ｆ）、炭水化物（Ｃ）のこと。初めて知る方も多いのではないでしょうか。私も3文字の英字はＴＤＤかＤＤＴかＬＤＨくらいしか知りません。このＰＦＣをバランス良く摂取していくことで、無理のない減量ができるそうです。ＰＦＣバランスは、身長や体重、運動量で決まるので、人によって比率が違います。検索すれば簡単に算出することができます。

ＰＦＣが明らかになると、自分が1日にとってよいたんぱく質は、脂質は、糖質はどれくらいかがわかります。これを知ると、たとえばポテチ食いてぇ〜！となったときでも、コンビニで表示されている数値を見て震えながら棚に戻す……ということができるようになりました。ポテチを手に取り裏面を見ては棚に戻す……長時間いるのになにも買わず店を出ていく変な人になりました。しかし、カロリーだけではなく、脂質や糖質量の数値からも自分に問いかけができるようになったのは、大きな学びでした。

とはいえ私は数値を事細かく管理していたわけではなく、あんまりしっかりとした管理は自分には向いてないと思っていたので、なんとなくで数字を見て震えていました。何日もかけて制限してきた数値もポテチで軽々とオーバーしてしまいます。

カロミルにはいろんな機能があり、とことん細かく管理することもできます。私は面倒くさがり屋なので、計算はざっくり、機能も最低限のものだけを使い続けていま

# ダイエットは果てしないから ゴールへの道を調べました

すが、自分にあったカロミルとの付き合い方を見つけるのがよさそうです。

突然ですが、ダイエットってめちゃくちゃ果てしないものだと思いませんか……？ いつまでどのくらいのペースでやったらいいのか、どうしたら体重が減るのか……。『HUNTER×HUNTER』でたとえるならば、いつまで走り続けたらいいのかわからない、一番最初のハンター試験のようなものです。私はサトツさんが好きです。

そう思っていたら、「１kg痩せるには、７２００kcalが必要」だという目安があることがわかりました。自分が消費したカロリーから摂取カロリーを引いたときの数値が、７２００になったときに、脂肪１kgが減るというものです。

(例) 基礎代謝１４００kcal＋消費カロリ１６００kcal＝２０００kcal
２０００kcal－摂取カロリー１６００kcal
＝４００　←ここが７２００になったとき、脂肪が１kg減る！

これはあくまでも目安の数字ですが、これを知ったことで、人ってちゃんと痩せられるんだなと安心したのを覚えています。大丈夫。あなただって痩せられる。

基礎代謝は年齢とともに低下しますし、ごはんを食べないことでも下がります。無理な食事制限をせず、しっかり食べ、たくさん水を飲むことが健康に痩せる近道だと思います。

専門家に聞きました❺

# 生活を見える化することで「食べたい！」と賢く付き合う

ライフログテクノロジー株式会社

広報 **白石**さん　管理栄養士 **小原**さん

https://www.calomeal.com/about-calomeal/

「健康寿命を太く、長くする」をミッションに、個人向け健康管理アプリ「カロミル」を開発・運用。大学や企業、医療研究機関などと健康管理や食生活に関する共同研究も行っている。

**――健康管理アプリ「カロミル」は簡単に摂取カロリーや運動量の記録と管理ができるとして人気のアプリですね。**

**白石さん**　ダイエットはもちろん、筋肉増量、生活習慣の改善、疾病をお持ちの方など、さまざまな目的で老若男女問わず、200万人以上の方にご利用いただいています（2023年7月現在）。弊社は、以前より腎臓病を患っていたCEOの棚橋繁行と、大学時代に脂肪細胞の研究をしていたCTOの阿万広大が共同で立ち上げた会社になります。

**――どんな特徴があるアプリなのでしょうか。**

**白石さん**　最大の特徴は、AIでの画像解析です。スマートフォンで撮影した食事の写真1枚で、その栄養価、カロリー＋27種類の栄養素（※1）を自動で割り出します。

**しりでっどマン**　歩数も記録できますよね？　私はiPhoneの「ヘルスケア」のアプリと連携させて、歩数を自動でカロミルに反映させています。休みの日に見たら9歩でした……。

※1 Android版では、カロリー+18種類の栄養素

**白石さん**　はい。運動や体重のデータも、記録や管理ができます。ちなみに画像解析は食事の写真だけではなく、血圧計や体重計などの写真でも解析ができるんですよ。

**しりでっどマン**　それはすごい！　私は家事や、エアロバイクで運動したカロリーを登録して「今日はハーゲンダッツ食べられちゃう？」みたいに、人参をぶら下げられた馬のように頑張りました。

**白石さん**　私は、その日に行った家事を「今日は、これくらいできたな」と登録しながら、自分をほめる時間を作るようにしています。

**――カロミルでダイエットをする場合、どういう機能に注目すればよいですか。**

**白石さん**　まずは目標設定ですね。自分が入力した体重などの情報から、1日にとるべきカロリーが表示されます。その範囲内に収めることから始めていただければと思います。

**しりでっどマン**　1日のカロリーや栄養摂取量を決めてくれて、使いやすいなと思いました。

**白石さん**　「帳尻合わせ」機能（※2）というものもあります。毎日、目標カロリー内で食事や運動を調整しようと思っても、外食や飲み会などで難しい日もありますよね。「帳尻合わせ」の機能では、1週間単位で摂取した全カロリーや栄養素が表示されるので、トータルでカロリーのバランスが管理できます。

**――それは便利ですね。**

**白石さん**　無理してほしくない、健康的に痩せてほしいという思いがあります。1日がダメでも、1週間の中で目標カロリー内に収めていただければと思います。

**小原さん**　食べ過ぎたら2～3日で調整して、1週間単位や、1ヶ月単位で振り返ってみるのがいいと思います。

**しりでっどマン**　早く痩せたいのか、ゆっくり痩せたいのか、ペースも選べるんですよね。私は「まだまだいける！」と思ったときや、「推しの舞台を見に行くか」となったときなど、目標へのペースを柔軟に変えています。

※2 プレミアムプラン（有料）で提供

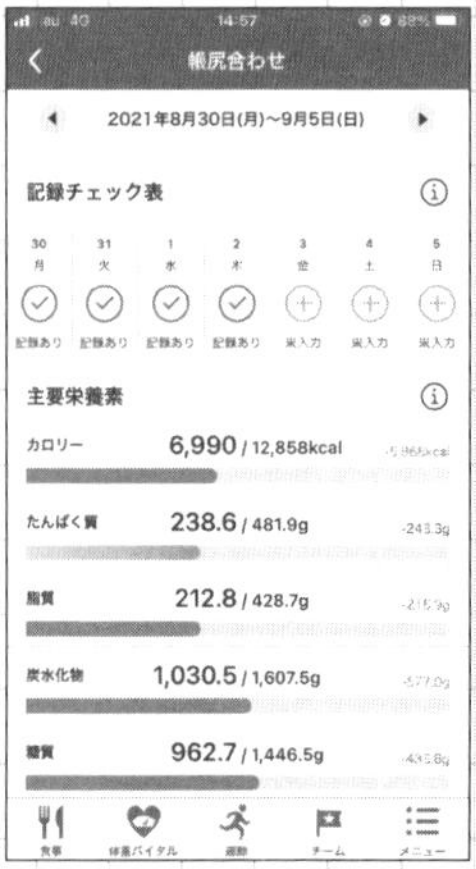


## 「帳尻合わせ」機能とは

1週間トータルでのバランス管理ができる機能。記録した合計値と、1週間の目標値が一度に確認でき、どのくらい足りないのか、どのくらいオーバーしてしまっているかを確認できる。我慢せず食べたいときや、食べ過ぎてカロリーオーバーしてしまった日があっても、無理せず、マイナスに考えすぎなくてよい。

画像は「カロミル」アプリより

**——ダイエットをしているカロミルユーザーさんは、どんな食生活の傾向にありますか？**

**白石さん**　納豆、鶏むね肉、プロテインなどの高たんぱくな食品、オートミール、低糖質チョコなどの低糖質な食品の記録が多いです。とはいいつつ、じつはマックやミスドなどのファストフードも上位に来ています。みなさん「帳尻合わせ」機能などで、食べたいものを食べて、抑えるところは抑えていらっしゃるのだと思います。

**しりでっどマン**　へ〜！　それはびっくりです。アプリではカロリーをとったらゲージが伸びて、とりすぎると赤色で表示されますよね。塩分のゲージが早めに赤くなっちゃうから、私は「もう1個食べたかったけどやめる」という選択ができるようになりました。

**白石さん**　私も、「晩ごはんはどうしよう」と思ったときに、まず入力してみています。バランスをみて、足りないところを足したり減らしたり、事前に調整ができるんですよね。

**しりでっどマン**　あ～わかります。それ、私もやっています！

**白石さん**　栄養サマリーは、七角形のグラフも確認できます。足りていない栄養素がひと目でわかるので、ぜひ活用してみてください。

**――しりでっどマンさんのダイエット法は、おふたりから見てどうですか？**

**小原さん**　本当に素晴らしいなと思いました。「朝昼夕ちゃんと3食食べる」「よく噛んで食べる」「腹8分目を心がける」など、食生活の注意点はほぼできていたと思います。

**しりでっどマン**　わ～嬉しいです！　ありがとうございます！

**小原さん**　早食いしたり、1食抜いてしまったり、満腹になるまで食べてしまうと、血糖値が急激に上がり、インシュリンというホルモンが出ます。インシュリンは「太るホルモン」ともいわれるので、血糖値をあまり乱高下させずに、なだらかに保つことがポイントになります。今後も気をつけられるといいと思います。

**しりでっどマン**　血糖値が上がると眠くなって動きたくなくなっちゃうので、腹8分目くらいにしていました。お腹が空いたらゆで卵を食べる、水を飲むことでカバーしていました。

**小原さん**　いろいろとマイルールを作って、守れていたのがすごいです。

**しりでっどマン**　でも、秋には職場の話題が「月見バーガー」一色で。国民の義務かってくらいみんな食べているんですよ！　セットにしない、ポテトはやめるなどしていました。

**小原さん**　素晴らしいです。ポテトのしょっぱさを思い出すだけで食べたくなりますよね。

**しりでっどマン**　運動を続けて、体重が減っていくと、帰り道のマックから漂うポテトの香りがなんだか修行に思えて（笑）。お腹空いているのが気持ちいい、快感に変わってくるなと感じました。なんなら、もっと嗅がせてくれ！　みたいな。

**――変態的なダイエット法ですね（笑）。**

## ダイエット中におすすめの食材

**豚肉**

エネルギー代謝を高めるビタミンB群が豊富。

**牛肉**

カロリーは高いが、血や筋肉に変わりやすい。

**きのこ・海藻類**

低カロリーで、ビタミンやミネラル、食物繊維が豊富。

**青魚**

良質な油をとれる。生理中の痛みを和らげる効果も期待できる。

### 肉の部位はどれを選ぶ？

赤身が一番たんぱく質が豊富で、脂質が少ないのでおすすめ。ほかにもヒレや、ロースなど。バラ肉は結構脂身が多いので注意。ゆでる、蒸す、網で焼く、テフロン素材のフライパンで油をひかずに調理するなど、調理方法で減らす工夫ができる。

---

**しりでっどマン**　折れ線グラフが下がっていくのを見るのが一番の幸福、みたいな。「前日の私、何やってんだ！」という気持ちにはなりたくなくて、明日の自分のために頑張れるようになりました。AIの「3ヶ月後の体重予測」機能も、AIと競うわけじゃないけど、もっと減らせるはずと、食べるものを変えては頻繁に見ていました。

**白石さん**　ちなみに、体重予測は1週間に1回更新されます。過去の記録から算出しており、より精度が高いものになっていると思います。

**しりでっどマン**　え！　そんなに毎日のように見なくてもよかったんですね（笑）。

**――変えたほうがよい点はありますか？**

**小原さん**　正直、あまり指摘することはないかなと思いました。炭水化物、たんぱく質、野菜をしっかり揃えて、バランスよく食事ができていたと思います。食材の種類はもっと増やしてもよいかなと思います。たとえば、豚肉はエネルギー代謝を高めるビタミンB群が豊富ですよ。

**白石さん**　甘いものでいうと、ラクトアイスではなくアイスクリームを選んだのもよかったですね。

**小原さん**　チョコレートとかアイスクリームとかは、ちょっといいものにすると爆食い防止になりますよね。

**しりでっどマン**　マジでコンビニはダンジョン。寄らないことで食費も浮くので、ごほうびにハーゲンダッツという気持ちです。

**――忙しい中で痩せたいという人も多いかと思います。ダイエットのコツなどはありますか。**

**小原さん**　ダイエットは、自分に合った方法で楽しみながら取り組むのが一番です。小さい目標を立てて、達成できたら次の目標に行く！という、ゲームの主人公みたいな気持ちでいいと思います。自分の栄養状態や活動量を知り、何をどう変えたらいいのか考えて実践することの繰り返しです。ぜひ「カロミル」で目標達成を目指してくださいね。

**しりでっどマン**　最後に聞きたいんですが、生理前だと、いろいろ食べたい欲求が出てきて。これなら食べていいとかありますか。

**小原さん**　生理中はメンタルにも響きますよね。体が水分をため込むので痩せにくくもなります。終わったらまた頑張るぞくらいの心意気でいいと思いますよ。ダイエット中に食べてはいけないものはないので、量を守ることが大事です。上手に減量されていたので、急激なリバウンドはないかとは思いますが、しばらくは体が恒常性を保とう、元に戻ろうと働きますので、取り組んできたことを習慣にしていってくださいね。

### アドバイスまとめ

**まず体重や食生活を可視化して、自分の状態を知ること**

**小さな目標やルールを立て、成果を実感しながら積み重ねられたのが成功の秘訣**

**ダイエット中に食べてはいけないものはない。目標に合わせた適量を守ることが大切**

After!

Before

第3章

# 痩せたあとのうれしい変化を聞いてくれ

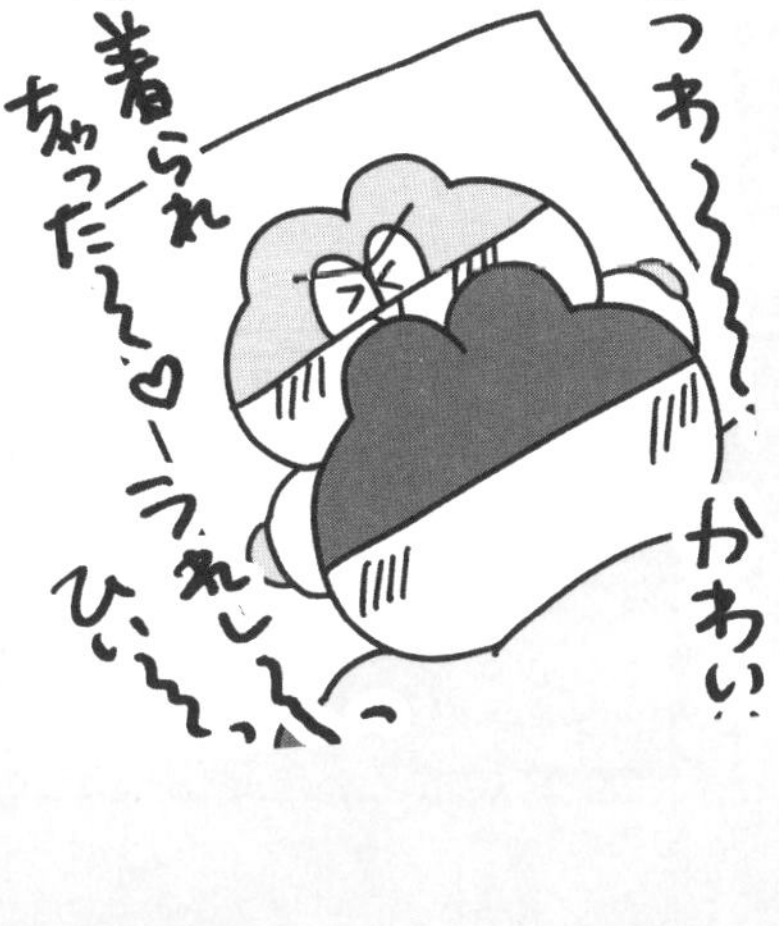
うわ～～～…
かわい…
着られちゃった～～♡
ーうれし～～っ
ひぃ～～っ

# 痩せてから見える景色が変わった

運動をしてやっぱり
すげ～変わった！と思ったことは
ぱん
ぱん
だった
けど…
作画が変わった感じ
ある…！
（主観）
もちろん体形の変化です
え!? いつのまに!? コレをピッタリではいてたの私は!?
よく見るダイエット
ビフォーアフター的なことが
できるようになりました。
なによりも
「普通に売っている服が入る」
という感動。
この服
かわいいな～
太っていると
もはや触っただけ、
見ただけで
これは
入らない洋服
と察する能力がつきます（？）が
ふらりと入った店で
自分が着られる
洋服なんてないよ
なー
どうせ
はいらない
ので
見てもムダ
なのよ
帰ろ
帰ろ～～
…
という考えが
根っこに鎮座して
いましたが
痩せると
「イケるかもしれない」
と思えるのです。
チャレンジしてみるか…！
ドキ
ドキ

しかもマジで
イケた……
うわああああ〜ッ
うれしくておどっちゃお♪
太ってから
「とりあえず入るもの」
を選んで着ていましたが
うわ〜〜〜っ
かわいい〜〜
着られちゃった〜〜♡
うれし〜〜っ
ひぃ〜〜っ
「自分が着てみたいもの」
に「チャレンジする」
ことができたのが
本当に嬉しかったのです。
これも
これも
着てみよ〜〜♡
いま流行りの通販サイトを
利用してみたり
通販の服って失敗すると
思ってたけど
チャレンジしてみるか…!
最近こういうのがはやってるのか〜
かわいい〜
着てみよ〜♡
ファッション系のYouTubeを見るようになる
自分の好きなものを
身に着けられる。
もっと変わって
かわいい服を
かわいく着たい
な〜っ
いままでは
できなかったことが
できるようになる。
これは一番モチベーションに
つながることだと思います。

着られる服から着たい服へ
隠すことから挑戦することへ
自分のテンションだって着るものひとつだけでまったく違ってくるのです。
でへへ～
あこがれのマーメイドスカート買っちゃった～
やっぱり一番は着たい服を着られることが大きな変化でした。
またがんばろ～
当時働いていた職場の制服もブカブカになってしまったので
ダルダルすぎて
クリップでとめていた
3サイズダウンして新しく注文しました。
久しぶりにぴったりした制服だ…
前はパンパンでくるしかったのに…
ダボダボで着ていた制服からピッタリした制服に変えたらよりいっそう変化が見てとれたため
職場の先輩に「本当に痩せたんだね」と驚かれたのを覚えています。
!?
本当に痩せたんだねぇ……!
忘れられない顔
本当にやせました～
ナナメ

久しぶりに会った
別の店舗の店長さんにも
今日はよろしくお願いします
あらためてどうしたんだ?
?
よろしくお願いします
初めましてみたいな
挨拶されたな〜
と思ったら
ペこ
ス…
?
え!?
あれ!?
え!?
やせた!?
知らないんだと思ってたッ!
ギュ〜ッ
わっ
痩せた私に気づいていなかったようで、こんなきれいな二度見見たことある?ってくらいいい反応をしてくれて嬉しい〜!と素直に喜べました。
そして健康診断。
こちらを着てください
あざます
いつものLサイズ
毎年Lサイズ(男女兼用)を渡されてパツパツでしたが
LLサイズないのかな…
パツ
パツ
この年は初めてMサイズを渡されて
私もついにMサイズの女……!
ス…
!!
Mサイズ♪
るんるん♪
おほほ♪
やったよ♡
ムフフ〜♪
と更衣室でひとり踊ったのも覚えています。

体重の変化はもちろんありますが、毎年
体重見るのヤダな〜〜…
から
意味もなくソ〜〜〜……
体重計
正確な体重がわかる良い機会すぎる〜〜ッ
ちゃんとした体重計だ！
ラッキ〜〜ッ
体重計
という思考に変わっているのも大きな変化でした。
結果を見るときも
今年はヤバイかな〜…見たくないよォ〜〜コエ〜〜〜…
から
ソ〜…
運動もしてるし食べ物も気をつけているッどうなってるか楽しみ〜〜ッ!!
シャッ
と、ちゃんと勉強したあとのテスト結果を見るような気持ちになっていました。
診断結果はほぼほぼA！
すげ〜〜〜ッ!!
前回白血球の数が10100だったのが5200になってる！
ちなみに視力のみE（あとはA）。
ふだんは仕事でパソコンしか見てないから度数弱めコンタクトで
映画や舞台見に行く時は強めのコンタクトを使ってるよ〜〜

体が健康になった……
と思えたとき
止まっていた同人活動も
そろそろイベント申し込みしてみるか……
ドラマチックにできるようになるわけではなく…
なんとな〜くやりはじめる
原稿もダイエットも…
と思えるようになっていました。
同人活動はほとんどの方が趣味でやっていて
やっぴ〜今日もおつかれさま〜！
やるぞ〜
ふつうに8時間働いて家事して睡眠削って魂削って描いている、という感じなのですが
（なかなか過酷な趣味）
夜10時から2時くらいまで仲間たちと原稿する図
これがッワイの解釈じゃ〜〜〜ッ
いけーッやれーッ
ヤバッもう2時!?
明日7時起きなんですけど〜!?
私は休み
ちくしょ〜〜
作品に対する尊敬や自分の思いをカタチにする情熱、ときには怒りまでもぶつけます。
そんなとき、やっぱり自分が元気じゃないと何もすることができない。
あんなに一緒だったのた…
ちがうな…
夕暮の色が…
逆に元気があればなんでもできる。
全国の同人オタクたち君たちはスゴイことやっているんだよ…
いつまでも元気にオタクやってね…
本当に当たり前ですが、でもそれが難しかったりするということを学びました。

あとマジで運動中に
おすすめしたいのが
ヒプノシスマイク
の楽曲です!!
ブクロの
オフクロ!
わ〜!
ラップバトルの曲なので
もちろんリズムも
超いい感じ
私のオススメは
ブクロ、ヨコハマ、
ナゴヤの楽曲
宅トレならば誰も気にせず
ノリノリでラップしながら
運動できちゃいます。
息もきれてピッタリです。
シュッ
シュッ
つよい!
攻撃力がある~ッ!
もちろんバトル曲も
最高で
バースも
ストレスも
けとばす
リリック
〜〜ッ
脂肪ぶっ飛ばす!
日々のストレスぶっ飛ばす!
余計な考えぶっ飛ばす!
と、その日のストレスを
ぶっ飛ばす思考回路にしてくれます。
らむちゃん…
しあわせに
なって…
ぽっせ…
すき…
※ちなみにストーリーを追って
切ない系の楽曲をうっかり流してしまうと
切なくなってオタク泣きしてしまいます
(個人の感想です)。
音楽にノッて体を動かすって
ライブ感覚でできるんです。
自分がノればノるほど
楽しくなれる
もちろん運動をするって
大変なことではありますが、
自分なりに
楽しみかたを見つけて
たのしい
たのしい
体を動かして汗をかくって
気持ちいいんだ!
と嘘でもいいから思える。
それも大切なことだと
思います。
運動は
カンタン
で
おじゃ〜

ある日いつものスーパーへ行き
おねがいしまーす
よっこいせ…
ど
さっ
スーパー
…
じぃ〜〜〜〜〜〜……
?
お客様……
ズバ!
痩せましたよね?
てれ〜〜〜ッ
わっわかりますか!?
レジの方に話しかけられた。
どんどんキレイに明るくなっていくからびっくりしています
ついつい声かけちゃいました〜
!!
どーん!
安心してくださいッ
明るいのは元々です!!
とにかく明るいしりでっどマンにいつの間にか戻っていました。

# 約8ヶ月で20kg痩せました

2021年7月にダイエット生活を始めて、約8ヶ月。93kgあった体重は73kgになり、なんと20kgの減量に成功しました！ ジムに通わず、自分の力で変われた……この経験は自信に変わりました。

また、気持ちが元気になったので、同人活動も再開することができました。原稿があるため運動をいったんお休みすることもありましたが、食事制限は続けていました。運動は習慣になっていたし、物理的に体が軽くなったのもあり、原稿をしていても「体力がついたな〜」と感じました。

20kg痩せると、やはり見た目が変化します。「私の作画……変わった!?」と思えるくらい、パンパンだった体は引き締まったと思いました。昔はいていたスカートをはいてみるとブカブカで、ポケモンの「ズルッグ」の気分を1日中味わいました。

そしてなによりも、圧倒的に着られる服が多くなったことが嬉しかったです。おしゃれが楽しいという感覚は久しぶりでした。太っていると、もやは触っただけ、見ただけで「これは入らない服」「どうせ入らないので見ても無駄」とわかってしまう能力に目覚めるのですが、人気の通販サイトの服にチャレンジしようと思えたり、ファッション系のYouTubeチャンネルで流行を勉強してみたりと、自分が着てみたい服に挑戦できたのが本当に嬉しかったです。自分が喜ぶことができるのって一番幸せなことです。

もちろん今はプラスサイズでも可愛い服がたくさんありますが、それを感じることができる幅が広がりました。好きなものを、好きなように着られるのです。

体重や見た目の変化はもちろんですが、健康になったなと感じることができました。健康診断では、毎年Lサイズの診察着を受け取っていたのに、この年はMサイズを渡され、嬉しくて更衣室で踊ったのもいい思い出です。

診断結果も良好で、数値はほぼほぼA（視力だけ悪い。オタク、画面見過ぎ）！今までやばい数値を叩き出していた部分が改善されていたこと、そして病院からのアンケートの「毎日甘いものを飲んでいる」に初めてチェックを入れなかったのも嬉しかったです。ドヤ顔でアンケートを提出しました。

今まで、健康診断の体重測定といえば「体重見るの嫌だな～」と思ってばかりいたのですが、今では「正確な体重がわかるいい機会！」という思考に変わっていたことも大きな変化でした。結果を見るときも、「どうなっているか楽しみ～！」と、ちゃんと勉強したあとのテスト結果を見るような気持ちになっていました。

ダイエットに成功してからは、食事も運動も自由にしていました。やってみたかったファスティングにチャレンジしてみると、一気に4kg痩せることに成功しましたが、逆に食べたい欲が出てしまい、少しリバウンド。やっぱり食べないでダイエットはやっちゃダメだ……と思い直しました。ファスティングはあくまで内臓をキレイにする、という目的でしっかり知識をつけてから行うことが大事です。

最終的に体重は70kgくらいに落ち着きましたが、引き続き標準体重を目指して、まだやりたい！　という気持ちになっています。

# 気持ちに余裕ができ同人活動も捗りました

同人活動に充てていた時間をまるごと運動に充てていた私ですが、運動や食生活を見直すことで心に余裕ができて、離れていた同人活動を再開することができました。時間が経てば、でこぼこした気持ちも次第に薄れていきます。大好きなことであっても、いったん離れてみることで、見えてくる気持ちもあるんだなと思いました。

オタクをやっているとさまざまな感情に出合います。作品に解釈違いを起こしたり、作品をリツイートしてください！とDMが届いたり、運営のやり方についていけず苦しむ友だちの叫びを聞いたりもしました。つらいオタクを見ていると、感情移入してしまい、私もつらくなってしまう。逆に、感情移入させてしまうのもつらかったので、私にひどい言葉をかけてきた人への悩みは、友人に打ち明けることができませんでした。モヤモヤした感情は、どこで発散したらいいのかわからない状況でした。

そうしたストレスも、今なら運動で発散することができます。それは、自分を見つめる時間ができたからだと思います。人の感情やイヤな情報にのまれない適切な距離がわかったのです。

運動をしていた期間はオタクをやめたわけではなく、自分の中にさまざまな作品をインプットする期間になりました。エアロバイクをこぐときは、アニメの長さがちょうどいい。『弱虫ペダル』『鬼滅の刃』『かぐや様は告らせたい』『無職転生～異世界行ったら本気だす～』など、ジャンルを問わず楽しみました。韓国で人気の30分ドラマも気になって、『キム秘書はいったい、なぜ？』や『彼女はキレイだった』も見ていました。

エアロバイクをこぎながら友人と通話しているときに、推しのカップリングの萌えシチュエーションの話になり、二次創作エネルギーを運動エネルギーに変換させることもありました。人はときめくとエアロバイクをこぐスピードが倍くらい上がります。また大好きな作品『ヒプノシスマイク』の楽曲は、有酸素運動にぴったりです！『ヒプノシスマイク』はラップバトルの作品で、いろんなグループが存在するのですが、とくに好きなのは「イケブクロ・ディビジョン」を代表するグループ、Buster Bros!!!が歌う「IKEBUKURO WEST GAME PARK」。3兄弟のラップから始まるアップテンポな楽曲なので、ノリノリで運動しました。「ナゴヤ・ディビジョン」を代表するBad Ass Templeが歌う「Bad Ass Temple Funky Sounds」もめちゃくちゃ聴きました。これがかかると、黙って座ってられません。ランダム再生でうっかりFling Posseの「Black Journey」が流れると、運動しながら泣いている自分もいました。

好きな作品たちのよさを「受け取る」ことがオタクの喜びですが、話を考え、表現することもまた大好きです。趣味は「受け取る」「生み出す」「共感できる」ものがよいと聞いたことがあります。二次創作はそれをいずれも満たしている最強の趣味だと私は思います。オタクの妄想は無限大なのです。

最近は、自分が付き合いたいと思うキャラと、友人から見た「自分と付き合っていそうなキャラ」は違うよね、という話題で盛り上がりました。みなさんもぜひ考えてみてください。

# 大人になってもまだやれる！自分の成長を感じました

　ダイエットを通して、体重や見た目の変化はもちろんですが、肉体や心の部分でも大きく変わることができたと思います。ＨＩＩＴトレーニングでは、バテてしまって途中でギブアップしていた動きができるようになりました。プランクも、だんだんと得意になりやっと精神と時の部屋を出られたんだと感動しました。

　毎日の仕事や家事、学校や職場のストレスなんかがあって、それ以外の「変化」を恐れてしまうことがあると思います。新しいことにチャレンジすることってなかなか難しい。でも、運動って気軽に「できなかったことができるようになる」感覚を知ることができる、と実感しました。以前、私が尊敬する人が言っていた「人は何かをすることに遅いことはあっても、遅すぎることはないんだよ。だからいくつからだってなんだってできるんだ」という言葉が大好きです。運動が特別好きじゃない、肥満アラサー同人オタクだって変われる。まだまだ人って成長できるんだな！と思いました。

　メンタルの部分でいえば、なんでも楽しめるようになりました！キツい運動も面白がれる強靭なハートが身についたと思います。人は面白いから笑うのではなく、笑うから面白くなるそうです。みなさんもぜひ、キツすぎる運動をしているときは思わず笑っちゃってみてください。オタクが突然の供給に耐えられないときの「待って！」も叫んでみてもいいと思います。待って待って待って！と叫びながらゲラゲラ笑ってやってみる。キツイ運動をしながら笑えるって、強すぎませんか？

　なによりも、ダイエットが成功するかどうかは、才能でもなければ実力でもなく、いかに続けられるかです。物事を続けるのって本当に難しい。どんなに優秀な人でも、自分に厳しい人でも、毎日運動や食生活に気を付けるのはつらいと思いますし、気がゆるんでそのまま諦めてしまう人もいると思います。ダイエットには「知識」だけでは解決することのできない「見えない壁」が立ちはだかっているようにも思えます。

それでも、私のような面倒くさがり、怠惰、計画性がないような人が痩せられたのは、自分に合ったダイエットとの付き合い方が見つかったからだと思います。私がこれまで失敗してきたダイエットは、「完全に夕食を抜く」だったり、「運動する道具を買って満足する」などの、頑張れるのは最初だけの続かないダイエットでした。

世の中の人々は、1日8時間働いて、家事をしたり、子育てをしたり、趣味をしたりしながら、生きている……！　それだけでえらいと思うんです。その中でダイエットまでしようとしているんですか？　えらすぎです。国民栄誉賞です。自分で自分を管理してつくった運動の時間は、たとえわずかでも自分と向き合う貴重な時間です。うまくいかなくても自分を責めず、むしろほめてあげることが大事だと思います。というかまず運動をしようと思えたことがえらすぎますからね。自分をほめるハードルは低すぎるくらいがちょうどいいですよ。ダイエットの方法も、「自分だったらこれは続くかも、続かないかも」などと考えながら、無理のない方法を探っていく。続かなかったら、別の方法を考えることが、成功の近道なのかもしれないと私は考えます。ユーアーザベストを見つけてください。ユーアーザプリンスオブダイエット。

# まわりの人が むちゃくちゃほめてくれました

20kg痩せたことで、当時働いていた職場の制服がブカブカになっていました。新しく注文した制服は、今までよりも3サイズダウン！ぴったりした制服を着ると、よりいっそう変化が見てわかりました。新しい制服に袖を通すと、職場の先輩からは「本当に痩せたんだね!?」と驚かれました。

また、久しぶりに会った別の店舗の店長さんには、丁寧に「今日はよろしくお願いいたします」とおじぎをされました。初めましてみたいな挨拶だな～と思っていたら、痩せた私に気づいていなかったようで、とっっっっっても驚かれました。こんなきれいな二度見ある？くらいのきれいな二度見で、「え!? あれ？え？痩せた!?」といい反応をしてくれました。じつはピークで太っていたとき、友人から会うたび「痩せた？」と言われていましたが、それがキライでした。痩せていないし痩せようとしていないのに「私が喜ぶと思って」かけられる言葉は苦痛でしかありませんでした。というか、人の体形の話を毎回しないでお願いだから！反応も困るんです。でも今は、素直に喜べる。心から出た純粋な気持ちだと伝わってきたからです。

このダイエットの記録はTwitterでも発信していて、自分のフォロワーや、フォロー外の知らない方まで、たくさんの人にほめてもらえました。もしも、太っているから、どうせ私にはできないからとダイエットを諦めている人がいたとしても、「私ができたんだから、みんなもできるぞ！一緒にやろうぜ！」と伝えたくて、発信しました。私の経験が少しでもみなさんの原動力になっていたら嬉しいなと思います。

そうしたなかで思ったのは、短期間で結果を求めすぎないほうがよい、ということです。ＳＮＳ上では、短期間で頑張って、短期間で結果がでないから諦めてしまう人がとても多い気がしました。私もそうでした。でもそりゃそうですね。やっぱり頑張っているのに結果が出ないのは苦しいですもん。でも、体とは一生付き合うものだから、生活の見直しも長期戦。ゆっくり付き合っていくのが大切だと思います。もちろん、「３ヶ月後の結婚式までに痩せたい！」など、おしりが決まっているなら、そこまで頑張るのもよいことだと思います。私の場合は「健康になりたい」が目標だったので、長期的に取り組んだことが自分に合うダイエットだったんだなと感じています。

そしてなによりも、心も体も健康ならば、無理にダイエットはしなくてもいいと思うんです。推しは推せるときにが鉄則！とヒプマイの飴村《あめむら》乱数《らむだ》くんが言っていましたが、それも自分の健康があって初めてできることだと思うのです。おいしいものをおいしく食べられる、推しを素直に好きと言える、ライヴで体調を崩さず最後まで腕を振れる、それってやっぱり、自分の健康の上に成り立つことだと思うんです。もやもやするならまず、軽〜く散歩に行くことから始めてみるのもいいと思います。無理してダイエットすることもありません。けれど、自分が健康に推しを推すためにダイエット……したい！というのであれば、少し、私のこの本を参考にしてみてください。大丈夫。いつだって、いつからだって変われます。そう自分に言ってあげてください。

みんな、健康にオタクをやってくれよ！！！

# 運動を始めてから約8ヶ月の変化

## 約20kgのビフォーアフター

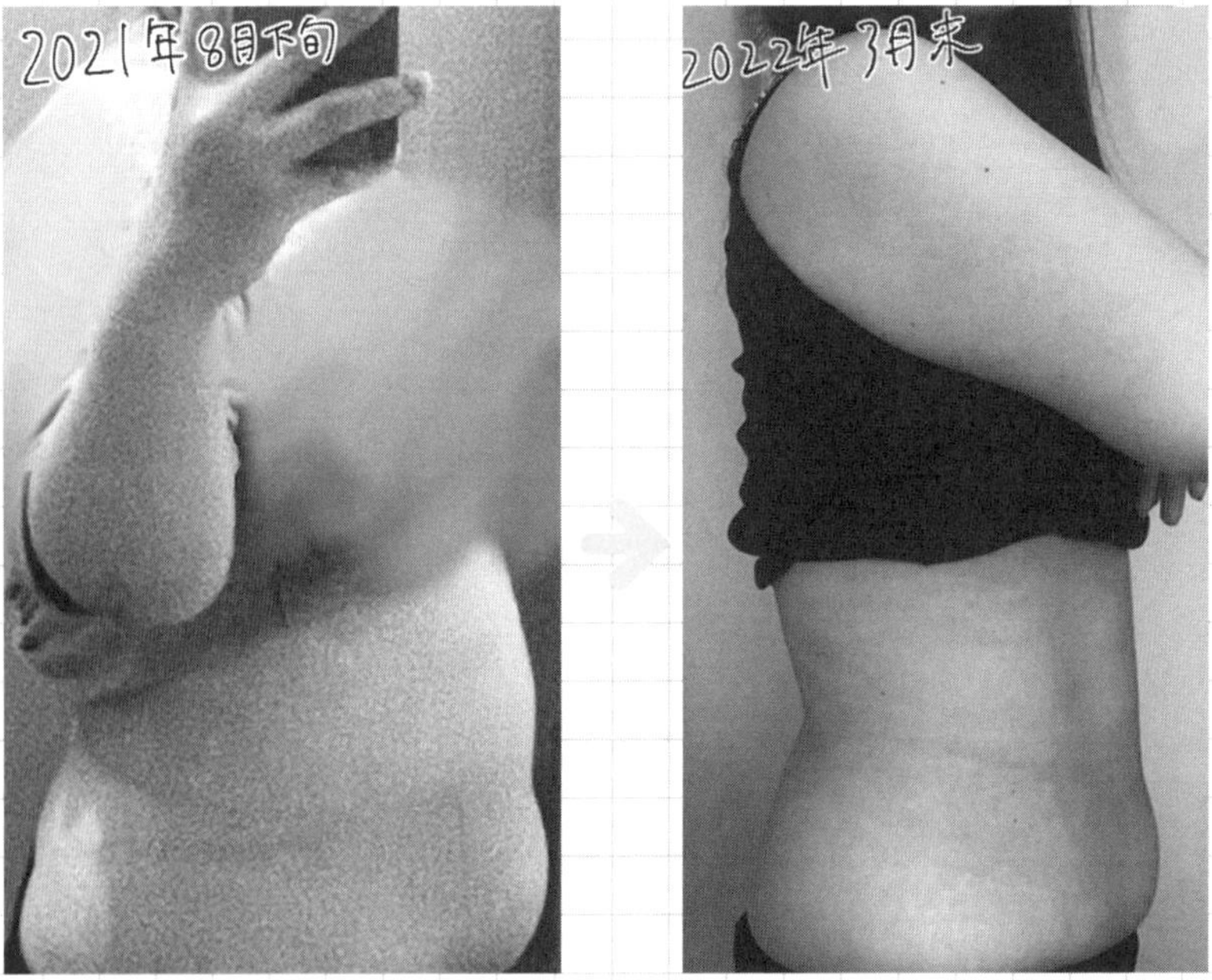


### ここがポイント

- ダイエットビフォーアフターみたいな写真が撮れた
※ダイエットビフォーアフターです
- ふらりと入った服屋さんで買い物ができる幸せ
- 健康診断が楽しみと思える人生って最強スギ

# 最終章

# 自分を推せるようになっていた話を聞いてくれ

## 現在のしりでっどマンについて

世の中にはたくさんの
ダイエット本がありますが
その中でこの本を読んでくださり
ありがとうございます。
オタクを
やっていると
自分の
本が
同人誌以外で
出ることが
あるんだなァ〜…
同人誌
あなたが
この本を読んでいると
いうことはきっと
…
痩せたいとか
健康になりたいとか
思っているんでしょう……
えらい!!!
えらすぎマン!!!
仕事して家事して
育児する人も
オタ活する人も
勉強する人も
できそうで
なかなか
できない
ことだよ…
だって
やっぱり
食べて寝て
ぐだぐだ
していたい
もん…
そしてそれらを
しない人だって！その中で
痩せたい、健康になりたいと
思えるのって、
めちゃめちゃえらいよ。
自分のために生きてるよ！

さまざまなきっかけで
ダイエットをしようと
思っている人がいるでしょう。
冒頭でも書きましたが
私のきっかけは、
私がひどいと感じることを
人に言われたからでした。
今あのときのことを
考えると……
言ってくれたことに
感謝だなー……
もや～…ん
と思っていました
が
違う
綺麗事に
グアッ
しなくていいッ!!

傷ついても
そのままつぶれず
およよ…
立ち上がって
努力して
健康になろうとした
ちくしょー…ッ
自分がスゴイよッ!!!
ワァッ!!
私すご……
まじ
えらすぎ……
ほあ〜…
天才……
それぐらいの
心持ちで
生きて
いいんです!
ビシッ

話は変わりますが
ダイエットを成功させるには
キツイ運動でも
無理な食事制限でもなく
継続でしか
ないです
ズバリッッ！
少しでも何かできた自分を
見つけて
きょうなぁ〜んも
してないなぁ〜
でも疲れちゃって
全然動けなくてェ…
そしていっぱいほめて
のばしてください。
ま！いっぱい
寝るのも
ダイエットに
良いですから！
えらいぞ〜
おやすみ!!!!!
ゆるくてもいい
誰かに言われてやるのではなく
継続できる自分のペースを
見つけてください。
無理だ！と思ったら
無理しない。
今日はいっぱい食べるッ!!
ポテチ！
アイス！
牛乳〜〜ッ!!
がまんならねぇ〜
ギュイン
ギュイン
自分を大切に、自分の声を
しっかり聞いてあげてください。
欲望のままに
食べたけど…
なんだか むなしい…
本当に食べたかった
のだろうか…
ポリ
ポリ
ポテチ
アイス

現在の私は20kg痩せられたことで自信がついて
いろいろチャレンジできるようになりましたッ
転職しました！
今までとはまったく違う職業にチャレンジすることができました。
Just do it!
脳内のおじさん…
人生って自分から動いてみると変わるものですね……
しかも家からばりくそ近場なので
毎朝20分エアロバイクをこいでから出勤してます
朝からの有酸素って健康が如く～極～
って気持ち…
この本のために取材をさせていただいたとき
体脂肪率30％以上なら有酸素運動がいいですよ
なるほど～
と聞いたので
とりあえず有酸素運動と軽い食事制限を続けています。
時々やるHIITに「こんなスゴイことしてたの!?」とおどろく。
パックではなく自分で炊いた玄米のおいしさに感動…
ゴールデンカムイを見ながら夜は50分こぐ
うさみくんサイコ～
食べたい時は食べる！
「義務」なので…。
長期的に続けて標準体重といわれる数値になった自分と会ってみたいです。

そして最近嬉しかった話をひとつ。
この舞台が面白くてさ〜！
この役者さんが好きなんだよね〜
『ゴールデンカムイ』って作品も好きでさ〜
K-POPにもハマりだしちゃって
みんなかわいいしカッコいいの〜！
きゃっ
きゃっ
ふーん
で
しりちゃんの一番の今の推しって
誰なの？
え
今の一番の推し……
今私が最も時間をかけていること……
筋トレ
今私が最も大切にしていること……健康管理
今私が最も考えていること……健康
私の推し
私だ
(照)
そう答えられた自分がなんだかとっても嬉しかったです
自分を推せるって……幸せだわ！！！

# 宅トレで20kg痩せてからのオタクの近況を聞いてくれ

20kg痩せて、専門家のみなさんにアドバイスをいただいたあとの私はというと、変わらず運動も食生活も維持し続けています。

現在は、筋トレよりも有酸素運動を中心としていて、朝は起きたらまずエアロバイクを20分こいでから朝食をすませて、支度をして会社へ行きます。帰ってきたら、夕食前にエアロバイクを50分。朝晩のエアロバイクでちょうど500kcal消費できる計算なのでキリがよく、毎日続けることができています。

専門家のみなさんからいただいたアドバイスは、生活の中で少しずつ取り入れています。本編で紹介しきれなかったものもあるくらい、たくさんのお話をうかがったので、私が取り入れているものをいくつか紹介します。

まず、武内さんからは「有酸素運動は空腹の状態で行うほうがよい」と聞いたので、有酸素運動は食事の前に。コーヒーは脂肪燃焼効果があるというので、コーヒーを飲んでから運動しています。朝は小説を読みながら、夜はアニメを見ながらの「ながら運動」ですが、だらだら運動するのではなく、ちゃんと息が切れるくらいの運動になるように意識をしています。

「カロミル」のおふたりには、海藻を食べるといいともうかがいました。今は、実家の母が送ってくれたとろろ昆布を愛用していて、おもにお味噌汁に入れています。水戻しをしなくていいし、ざっと鍋に入れるだけなのでとても楽です。

「カロミル」のアプリの話でいえば、あれから「帳尻合わせ」機能もよく使うようになりました。1週間全体で見ると、たんぱく質が意外ととれていなかったことがわかり、ビタミンの各項目にも注意するようになりました。ビタミンについては、複数の専門家さんから、もっと意識してみてはとアドバイスをもらっていました。もちろん食事の中で意識することもあるのですが、プロテインにはビタミンが豊富に含まれているので、プロテインを補助的に利用することで足りないビタミンを補っています。

以前、オートミールでは腹持ちが悪かった私ですが、その後、再度挑戦してみたところ、1食30gでも意外とお腹が満たされることに気づきました。デスクワークの職場に転職したことで、あまりお腹が空かなくなったのかもしれません。カロミルのおふたりには、オートミールに抱いていた抵抗感をうまく和らげてもらったと思います。

話は別になりますが、玄米にもチャレンジしてみました。今までパックご飯の玄米しか食べたことがなくて「あまりおいしくないな……」と思っていたのですが、自分で炊いてみたところ、とてもおいしくてびっくり！今後も食べ続けられそうだと思いました。

以上が、私の今の運動と食生活です。運動は毎日朝と夜2回に落ち着いていますが、これを読んで「朝に運動するの!? つらそう」と思った人もいるかもしれません。やってみると全然そんなことはなくて、むしろ朝に運動することで気持ちがスッキリするんです！しかも「朝、運動した」という実績を作ることで、万が一、夜に運動ができなくても「朝運動したし、今夜は寝よう」と早く寝ることでヨシ！です。しかも夜っ

て、運動しようと思ってはいてもグダグダしちゃって、ずっとスマホをいじって時間ばかりが経過していくなんてことも、ありますよね？ 朝だったら、会社にも行かなきゃいけないし、グダグダしている時間がないんです。短時間でぱぱっと運動をすることができて、もっとやらせろ！ くらいの気持ちになります。とりかかるまでが大変ですが、いざ運動してみればスッキリします。お風呂も、入る前は面倒くさいけど、入ってみたら気持ちいいですよね、それと同じだと思います。

　今はこの本の原稿を描くことで毎日忙しいのですが、これが終わったら、いろんなことをやりたいと思っています。でも、「今やっていることが終わったら、次の日からこれをやるぞ！」みたいなことって、たいしてやらないんですよね。運動も「この日からやる！」って決めてやるんじゃなくて、なんとなくやることが大切だと思うんです。「脳をだます」じゃないけど、自分に気づかれないくらいの些細な習慣から始めるほうがいいと思います。これを読んでくださっているみなさんも、まずはコップ1杯の白湯くらいから始めてもらえればいいんです。続けてみて、「変わったかも？」という成功体験を感じたら、じゃあもっとやってみようか……となれると思います。最初から飛ばさなくて大丈夫ですよ！ 本を買ってまで読んでくださっている方は「もっと結果がほしい！」「そんなあやふやな意見は聞かない！」と思うかもしれません。その気持ちもわかります。しかし私はその考えでダイエットが成功しなかった。失敗の道のりはいつも同じ。たまにはのんびり景色を楽しみながらダイエットに気づかれないよう散歩を楽しんでみてください。意外にもそれが近道だったりするんです。

ごくごく最近の私はというと、「コルセットをつける」という習慣を始めました。コルセットをつけたまま生活をしていると、猫背が伸びて姿勢がよくなり、お腹がへこんで胸が出るようになってきます。締め付けられているぶん、食べ過ぎることもなくなりました。最初は締め付けが苦しかったりもしたのですが、だんだんと慣れてきています。お風呂に入る前に外して、自分の変化した体を鏡で見ながら「なんかいいじゃん」と前向きになれるのもまた嬉しいです。

あと、最近はＫ－ＰＯＰアイドルにハマっていて、私の推しはLE SSERAFIMというグループです。彼女たち、マジでかわいいッ！プロポーションもさることながら、「強さ」を感じられて、一生見ていられます。彼女たちが頑張っているんだから私も頑張ろう……！とモチベーションも上がるのです。この原稿を書いているときもずっと見ていました。新しいジャンルに触れると、また世界が広がって人生が楽しくなります。これだからオタクはやめられないッ！

今の私は、健康や食事に気を遣い、趣味を満喫し、人生で一番自分を大切にして生活していると思います。つまり、「推しは自分」。今ならそう言えます。しりでっどマン×健康固定です。これからも自分の思う「強さ」に向かいながら楽しくオタクをしたいと思います。

# あとがき

最後までお読みいただき、ありがとうございました。

この本を作るためにさまざまな方にたくさん協力していただき、一般人のオタクである私は本当に貴重な経験をたくさんさせていただきました。

ダイエットを始めてから毎日見ていた専門家さんたちとお話ができて、神絵師を前にしたオタクのような反応をとってしまったり、そんな神絵師様と同じように憧れている専門家の方々から、ダイエットマンガの感想を直接いただき（しかもベタぼめ）同人界隈でたびたび学級会になる「感想をもらう」という行為の贅沢さ〜！と照れまくったりしました。言わせてください。

ダイエットして良かった〜〜！！！

世の中にはとてつもない量のダイエット情報があります。それでもなぜ、ダイエットに成功する人が少ないのか。それはやっぱり「継続」が難しいんだと思います。

食べるのを我慢していたが限界がきた。ジムに登録したが面倒になった。

仕事のストレスで自分を気遣うことができなくなった。

印刷所の締め切りが迫ってきてそれどころじゃなくなった…… わかります。本当によく、わかります。みんなえらいよ。お疲れさま！だから、今日からあれもこれもやる！というより、いつもよりちょっと多めに水飲んでみるか……とか、夕食のから揚げを一個だけ明日の昼ごはんにまわすか……とかそんなことからでいいんです。

少しずつ、一歩ずつ「健康」に向かって歩くか〜と思ってみてください。

最初のハンター試験のように、ペースもゴールもわからないと不安になると思います。

でもあなたの少しの意識で、確実に前より、健康に近づいています。


Twitterにあげたダイエットマンガは、私のように途方もなく太り、もう痩せるなんてできないだろうな〜と思っている人に、大丈夫！ジムに通わなくたって、ズボラだって痩せられたよ！と伝えたくて描きました。誰かの希望になれたらいいなと思って描きました。

この本で、より多くの方にその想いが伝わったら嬉しいです。

しかし、これヤバいかも！と思うこともあると思います。そんなときは頑張らないで、誰かの言葉や価値観ではなく、自分の気持ちをなによりも大事にしてください。

最後に。

私を見つけてくれて、ずっと元気づけてくれた担当さん、本当にありがとうございました。

原稿の限界だ〜！となったとき、応援してくれた友だちもありがとう。大好き。

人生を楽しむことを教えてくれて、愛をいっぱいくれたお母さん、ありがとう！

こんな立派な本を出せたよ！言わせてください。ダイエットしてよかった〜〜〜！！！

そして読んでくれたあなたにも、ありがとう。いつかいっしょに言いましょう、
ダイエットしてよかった〜〜！！！と。いっしょに健康にオタクしましょう！

しりでっどマン

## 取材にご協力いただいた方々

フィットネストレーナー

### 福島沙織さん

YouTube　Instagram

オンラインジム「GET IDEAL BODY」主宰。過去にはフィットネスクラブ「ティップネス」にてインストラクターとして指導・メニュー開発などに携わり、2017~2022年には、NIKE Master Trainerとしてイベントの出演や監修を行った。メディア出演多数。

---

ジムインストラクター

### 武内教宣さん

YouTube　Instagram

「セカンドフィットネススタジオ」主宰。YouTubeにてダイエットやエアロバイク情報を発信。著書『ダイエットは「目標設定」が9割』（ごきげんビジネス出版）ほか多数。

---

「のがちゃんねる」YouTuber

### のがさん

YouTube　Instagram

1994年生まれ。フィットネス系YouTuberとして、短時間で効率の良いトレーニング方法を多数配信する。『のがちゃんねる 鬼やせWorkout』（宝島社）ほか著書多数。

「痩せ方の学校」YouTuber、インストラクター

**鈴木達也さん**

愛知県瀬戸市にて骨盤矯正サロンとダイエットスクール「痩せ方の学校TRY-ANGLE」を運営。オンラインでも指導を行っている。自身も摂食障害に悩み、克服した経験から、「痩せたきゃ食べる」をスローガンに、YouTubeやSNSにてダイエットを楽しむための情報を発信している。

YouTube　Instagram

---

ライフログテクノロジー株式会社（「カロミル」）

**広報 白石さん**

**管理栄養士 小原さん**

「健康寿命を太く、長くする」をミッションに、個人向け健康管理アプリ「カロミル」を開発・運用。大学や企業、医療研究機関などと健康管理や食生活に関する共同研究も行っている。

iPhone　Android

---

**画像協力**

**ステディジャパン株式会社**

STAFF

漫画・文　しりでっどマン
デザイン　山田知子＋門倉直美（chichols）
DTP　天龍社
校正　鴎来堂
編集　梶原綾乃

# 宅トレで20kg痩せた<br>オタクの話を聞いてくれ

著者　しりでっどマン
編集人　栃丸秀俊
発行人　倉次辰男
発行所　株式会社主婦と生活社
〒104-8357　東京都中央区京橋3-5-7
TEL 03-5579-9611（編集部）
TEL 03-3563-5121（販売部）
TEL 03-3563-5125（生産部）
https://www.shufu.co.jp
製版所　東京カラーフォト・プロセス株式会社
印刷所　大日本印刷株式会社
製本所　共同製本株式会社

ISBN978-4-391-15987-5

落丁・乱丁の場合はお取り替えいたします。
お買い求めの書店か、小社生産部までお申し出ください。